U0138679

大師的心靈

The Three Contemplations of Ho Huai-shuo

The Master Mind
—on Artists

by Ho Huai-shuo

《大師的心靈》所要評介的畫家，
可以說是近代中國藝術界的文化英雄。

他們當中，有的從傳統中躍起，取精用宏，
振興抉發，企圖使傳統起死回生；
有的由域外引進新思想、新方法，開創一個新局面；
有的融鑄中外精華，撮配孕育，以期新品種的誕生。

他們的奮鬥與功績，也是中國現代化歷史性的勛業的一部分。
絕不能狹隘地把他們僅僅局限於繪畫或藝術的範圍來品評，
同時更應該從近代中國文化變遷的歷史中來認定他們的地位。

書名由余光中先生英譯

《懷碩三論》卷前語

感承台北立緒文化出版社熱誠敦促，為我策畫出版《藝術論》（分上、下兩卷）、《人生論》與《畫家論》，合稱《懷碩三論》（一共四冊）。

《懷碩三論》正好包括了我過去三十多年所寫主要的三類文字。《藝術論》：上卷《創造的狂狷》，下卷《苦澀的美感》是我的藝術思想截至目前為止最重要的觀念性論述文字；《人生論：孤獨的滋味》是我在人生行旅中種種品味、發見、感想與思索的文章；《畫家論：大師的心靈》則是我對鴉片戰爭以來這一個半世紀中，中國最傑出的大畫家的評論。

《懷碩三論》涵蓋了我的人生、思想、心靈活動的全領域。這是我三十多年來心智情思訴諸文字的成果。另外訴諸筆墨形色的則是我的繪畫創作。對我而言這兩方面其實是相輔相成，是行者的兩足，是飛鳥的雙翼。藉着它們留下我生命活動的雪泥鴻爪。在藝術論中我對藝術的鍥而不舍的追索，在人生論中對愛情與人生的品味吟咏，在畫家論中我努力潛入第一流天才的心靈中去探測，與在繪畫創作中以視覺意象表現我對人生宇宙的發見與感受，都是同一個心智情思苦心孤詣的呈現。

寫文章我很有興趣，編書出版則視為畏途。尤其在這個花花綠綠的出版品泛濫成災的時代，市場的競爭乃至所謂排行榜令人落荒而逃。但是我過去出版的書早已絕版，近十年又不出新書，因此心中常帶着辜負了朋友與讀友的歉疚。遂發願將舊文與新著重新嚴格篩選、編輯、修訂，去蕪存菁，便成了這《懷碩三論》。

出版了許多世界學術名著的台北立緒出版社惠然肯予出版這四本書，不免感到與有榮焉。事實上如果不是出版社諸位的熱誠與鞭策，還不知拖到何時。我對立緒文化出版社的心意，實在不是感謝兩字可以表達。在此也對三十年來與拙著神交的朋友致謝。

余光中先生為四本書英譯書名，一併表示感謝。

一九九八年，戊寅穀雨．台北

〈自序〉

畫家論：大師的心靈

自從近代中國書畫家的作品在國際藝術拍賣公司列為拍賣品，漸漸有了國際市場，中外收藏家才興起收藏中國近代書畫的熱潮。我在本書〈緒說〉中說，如果不是外國美術博物館與拍賣公司的重視，中國近代書畫的價值與價格不要說與西方近代繪畫作品有天壤之別，就連與中國明清的瓷器工藝來比，也不能相提並論。這是很值得深省的事。

國際藝術拍賣公司使近代中國書畫有了市場；市場價格的貴賤才使中國社會大眾與收藏者逐漸認識到書畫作品水準的高低。「大師」、「名家」與「小名家」的差距才逐漸有較清晰的層次之別。這些都只是最近不到二十年的事。

與之相應的書畫家評介、書畫作品的鑑定、藝術品投資與書畫市場的「指南」遂日益發達，已有的出版品令人目不暇給，一時間，「專家」應市而生，盛況空前。濫竽充數的「專書」與「專家」也不在少。

這本拙著不專為藝術收藏與投資者而寫。遠在許多急就章的「藝術投資指南」上市之前，我早已開始寫作此書，延擱到現在才出版是因為懶惰的緣故。這本書寫作的醞釀期之長，更出乎想像之外。因為這八位大畫家是我從十多歲認識他們的作品以來所仰慕的對象。如果說醞釀了四十年才寫成此書也不為過。本書寫作的目的是為了把我所認知的近一個半世紀（也即從近代史的開端，清末鴉片戰爭以來）的中國大畫家指認出來，並對其人其藝發表我的看法。因為我自己是承接這些前輩大師繼續追求中國繪畫現代化的畫家，我對歷史不能沒有自己獨特而深入的見解。這些見解，一方面為我自己批判地接受前人遺產釐清方向，決定取捨，以吸取營養與教訓，一方面也把我個人主觀的見解交付歷史，以供後人參考與再評判。

所以，這本書不像其他畫家評介的專著一般，設定題目去做文章。而是從我個人的藝術觀念出發，去評價歷史人物。正如太史公司馬遷以他的思想去判定誰放在「世家」，誰放入「列傳」一樣。沒有一本歷史評論不是主觀的「一家之言」，問題只在於此「一家之言」能否禁得起時間的考驗。或為泡沫，消失於未來歷史的長河中；或為砥石，「江流石不轉」。

「在畫家論中我努力潛入第一流天才的心靈中去探測」（見本書〈卷前語〉）。我一方面在寫這一百餘年來少數天才的功業與光華，一方面也流露了我對近、現代乃至明日中國藝術的見解與展望。

遲至一九八六年因為《文星》雜誌復刊，在蕭孟能先生的催促之下，我才擺脫懶惰，發願寫這系列評介文字。後來《文星》旋即停刊，我只寫完論徐悲鴻。一九八九年九月林風眠畫展在台北國立歷史博物館舉行；同年寫李可染是為台灣錦繡出版社李可染畫集作序，十二月李可染突然逝世，該文略微增改發表於《中國時報》；一九九二年為天津與台灣錦繡出版社合作出版傅抱石畫集作序，一九九三年歷史博物館舉辦傅抱石畫展，因而寫了〈論傅抱石〉一文。因為有上述各種被邀約的原因，才匆匆寫了林風眠、李可染與傅抱石三篇。因為報刊的需求，這三篇在篇幅、體例與其他方面都與前五篇不大相稱。最近數月，這三篇文字重新改寫，合前五篇一共八篇。八人之外，優秀畫家還有好多位，如何取捨？頗費思量。終於以原來評斷原則，決定採最嚴謹的標準（見〈緒說〉）。所以，此書是一個斷代史中最高代表性畫家的評論，不是一般泛泛的「名畫家評介」。

這八位沒有一位不是我從少年時期就景仰的大師，他們今天普遍得到公認，我心中有驕傲與欣慰。因為三十多年前我與同儕說傅抱石、林風眠等人是近百年第一流中國大畫家，常受到訕笑。而那時台灣藝術界連黃賓虹、傅抱石、林風眠、李可染的名字也沒幾人知道。而回首前塵，許多數十年來聲名大噪的畫家，到今天有的已經褪色，有的差不多被人所遺忘。

不過，有很特別的一位畫家，過去我從來沒有認定他是近代中國第一流畫家，但是近二三十年來他聲譽日隆，兩岸及海內外評論家、收藏家及藝術市場等行家都認為他是第一流畫家，甚至是第一流中的頂尖一位。這似乎是我唯一「看走眼」的畫家。他就是張大千。如果現在有人問我：張大千算不算第一流藝術家？我的回答還是否定。不過我要略加解釋。通常我們認定一段歷史中少數人物為某一專業中的第一流人物，不只是表明他的優秀，而且著重在他具創發性成就而為時代的代表性人物。比如希臘的三大哲；文藝復興畫壇三巨匠；明朝的沈文唐仇等。代表性一方面是指具備時代精神突出範例的特質，另一方面是個人特性所發出無可取代的魅力。以張大千為例，他雖然在中國傳統繪畫古今技法的掌握是第一等的能手，但在時代精神與個人無可取代的獨創性上都沒有代表性。因為他是復古派，他的優點與魅力大半是取自前人。所以張大千是極優秀的畫師，卻不是第一流的藝術家。

為什麼在對張大千的評價上我與大多數行家差異如此大呢？一言以蔽之，那是對於藝術的真正價值判斷上認知差距的問題。

大多數人佩服張大千，第一是他的萬能。不論山水、花鳥、人物；南宗與北派；工筆與寫意；從古代的敦煌到明清的文人畫；水墨與設色，淡彩與重彩；院畫的工整與遺民畫家的亂頭粗服；最後還有跟上西式時髦的半抽象潑墨潑色，他都無所不能。第二是功力之深。他學習、模仿古人，學誰像誰；製作贗品幾可亂真，甚至行家大老都被他瞞過。第三是他為人四海，一生交遊廣濶，名氣特大。名公巨卿，政商學軍各界，都是座上之客。很少權貴家中沒有他贈送的畫作掛在中堂。的確，媚俗與投其所好可以在現實社會中成為名家，但卻不是一個真正的大藝術家必經之路。除第三點之外，第一、二點是張大千技藝上過人之處。他確具備畫家技能上最卓越的功力，在畫史上也難得一見。

可是，畫史上第一流藝術家更重要的條件是與其人格統一的，獨特創造的個人風格，而不是多項技藝的總和。而且藝術家的獨特風格必顯示了時代的精神與對民族文化的發揚、拓展的貢獻，以及個人對宇宙人生獨特的看法。張大千是傳統的畫師，今之古人；他筆下彙集了古人最甜美的筆墨，以製作視覺上最圓熟優雅的圖畫，他是裝飾畫的巨匠，但只是古書畫「集錦」式的匠家；他摹模古人即使幾可亂真，但沒有開創新路的抱負；而他個人長期自外於民族的苦難，做一個享受錦衣玉食的高蹈逸士，他的藝術便不能為時代與人生做見證；他的趣味、美感、巧藝都承襲自前人，他的藝術中沒有他自己鮮活獨特的人格。至於晚年的潑彩，一方面是西方新潮粗淺的移用，另一方面他還脫不了傳統山水的格局。從他潑墨潑彩的畫面上免不了以樓閣亭台、水草、崖石等來收拾殘局，可知他並沒有經營新形式的企圖與能耐。他還只是復古派的大匠。他在中國社會贏得這樣崇高的聲譽，正反映了中國社會對藝術真正的價值認識不充分的積弊。萬能、廣博、精妙的功夫，是一個優秀畫家必要條件的一部分，卻不是一個真正的藝術家充足的條件。張大千學八大山人幾可亂真，但八大是政治異議分子，是痛苦悲憤的遺民。張大千所能模仿究只是古人的形式技巧而已。張大千學古代名家，雖可令人歎為觀止，但他的畫中沒有個人獨特而強烈的人格精神。所以他學誰像誰，恰恰是他缺乏藝術中本來最不可喪失的「自我」的證明。

近代百餘年來優秀的畫家還有許多，而代表一個時期的第一流藝術家就只有少數幾位。藝術的技巧不等同藝術的價值，藝事之能與獨特創造是兩個不同的層次。這本《畫家論》體現了我對藝術的價值判斷嚴格原則的堅持，未來的歷史將驗證我的見解與判斷。

何懷碩一九九八年八月於台北

《懷碩三論》畫家論

大師的心靈

【目錄】

緒說

話說從頭

先從一個故事說起。

一九六四年，我大學三年級的時候，看到台北市南海路一家裱畫店牆上裱了一幅傅抱石的斗方人物畫，不禁怦然心動。裱畫店老闆告訴我，如果我有新台幣八百元，可以賣給我。可憐當時東挪西借，我竟無法籌得八百元來。後來聽說為專仿齊白石畫某姓李的傳統畫人買去，加上微利，轉售給了洋人。這一份懊惱，到現在還不曾釋懷。幸好當時裱畫店老闆讓我留下這幅畫的照片，到今天還能慰情聊勝於無。

那時候八百元是一個小公務員一個月的薪水。當時台北許多「國畫大師」的畫，每幅都要幾千乃至幾萬元。而近代的畫家，名氣較大如齊白石、徐悲鴻，每幅不過幾百或上千元便可買到。那時候傅抱石的名字陌生得多，八百元算是高價。

我說這個故事的目的在說明並藉以引申：

第一，近代中國畫家有哪幾位真正的大師，我們社會上近十幾年來才略有所聞。而且，如果沒有域外（西方及日本）的收藏家、評論家、博物館、研究機構、近代美術史家及藝術拍賣公司乃至市場價格的「提示」與「刺戟」，我們貿然不知。

其次，近代歷史的斷層，使我們對藝術的鑑賞目光如豆，心胸閉鎖。來台的老一輩畫家，根本不願意評介宣揚近代以來第一流中國畫家的成就。來台的「大師」們樂得關起門來，序齒排輩，劃地自雄。為建立門派，遂廣收徒眾，佔據要津，稱霸一時；學徒們則選擇當時得令，聲勢浩大的門派，依權仗勢，爭為「主流」。這數十年來，「大師」因時勢興滅相嬗相替，學徒們則如一批批不同番號的「藝術部隊」，換手接班。學習藝術的青少年一代，既無從知道近代中國繪畫的真相，缺乏鑑識藝術品高下的眼光與能力，便不可能承接近代精英，發揚光大；奉一家一派為圭臬，不啻自囚籠罟。

第三，我們很慚愧，對近代中國畫壇上真正的大師的認識，卻是在域外人士的「提示」與「刺戟」之下才有了一點後知後覺。到今天，我們尚且不曾有公立的博物院或博物館、美術館用心於近代第一流大家作品的收藏。我們想想，國父孫中山先生推翻腐敗的滿清皇朝，但那個腐敗皇朝卻留給我們一個珍藏民族藝術精華的「故宮」。而我們進步的民國，竟完全無意為子孫後代收藏清末民國以來近代民族藝術的傑作，如何對得起我們的祖先與後代！我們要知道，現在趕緊收藏近代名迹，已為時稍晚，往後必更加困難。很多外國美術館與私人收藏家的眼光與魄力，非常「可怕」。他們買第一流中國近代作品的大手筆，實在使我們既喜又愧。

最後一點，由於歷史斷層的荒謬，以及我們自己的忽視與蹉跎，阻抑了中國繪畫創造發展的進程，也廢置了近代到當代繪畫的研究。近代到當代繪畫的原作品、圖片及可靠的文字資料幾乎都是空白，直到最近才有少數收藏家受到洋人影響，開始重視近代作品，並從域外「搶購」了一點回來。在文字圖片方面，近年則有美術刊物的介紹與翻印，還有許多極可感佩的「盜版書」的印行，才略略彌補了這個空白。

因緣際會

遠自六〇年代，我就有寫近代中國畫家論的打算。一直沒有動手，主要是如上所述三十年前在台灣資料非常欠缺。尤其是近代到當代的中國美術斷代史、畫家傳以及任何評介與有關資料都幾近空無，所以這個念頭，只有默存在心中而已。

七〇年代下半客居美國，住在紐約阿姆斯特丹大道，與哥倫比亞大學夏志清教授時相過從。談到我這個念頭，他不但贊成，而且大加勉勵。其實我自一九六四年開始以藝術為中心題旨寫文章以來，對近代中國繪畫與畫家，前後已發表過不少文字。

我之所以早就打算寫這一系列長篇文字，第一是使我自己能較嚴肅、較深入地對近代中國繪畫的成績有一個批判性的了解；第二是我既認定創造必源於傳統（也即金耀基先生所謂「沒有沒有傳統的現代化」的意思）①，所以認為對傳統，尤其是近代以來的傳統的了解是十分必要的事；這對於我的繪畫創作一樣是巨大的啟發與幫助；第三，我本身從事繪畫工作，或與美術史的考據與研究者有不同的見地，尤其是對近代第一流諸大師作品的體驗與評價，與一般「紙上談兵」的史家必有不同。

但是，以我現在的境況，實在無法有太多時間與興趣，寫一部「學院派」的近代中國畫家論。這個願望，本來打算等以後有餘暇的時候再說。促使我提前寫這個題目，是因為一九八六年《文星》宣布復刊，蕭孟能先生邀約我寫評論近代中國大畫家的專欄。

推陳出新

《大師的心靈》（即《近代中國畫家論》）不打算寫成「學院派」的論文。因為偏重考據，堆砌資料，大量引述前人文字，在紙上做功夫，那是「學術論文」或「升等論文」，許多人都做得到。我打算另闢途徑，重在分析、品鑑，提出見解，給予評價。目的在交付歷史，傳諸後世，不為取悅當代。

自鴉片戰爭以後這將近一百五十年間②，最早的畫家，可當我的祖輩，最近的也相當父輩。假如現代人寫古代畫家，大家一樣去古已遠，所依據除了流傳下來的作品以及歷代積累的文字資料之外，便全憑論者的學識與眼光。寫近代畫家則不同。因為百五十年來，過去時代的流風餘韻尚依稀可感，所寫畫家，也直接間接相識，而且因為時代距離甚近，可見到極大量的原作，有關畫家的軼聞與遺澤隨時可見可聞。所以寫近代畫家論不純然在寫「冷」的史傳，同時是在記錄論者面對自己所處時代之前一歷史階段的「熱」的感受。

研究歷史人物之困難在於第一手的材料常感不足，尤其缺少與該人物同時代或稍後時期「同行」的評論資料。史家寫的是過去的人與事。但面對各行各業，各種不同專門人物的獨特造詣，哪能沒有隔行如隔山之歎？所以寫什麼行業最好有該行業相當的實踐與體驗，才能氣息相通，才能同情的了解，不至於僅為皮相之論。但近二三十年來，寫史傳、理論或批評，西方的治學方法固然矯治了中國傳統籠統含糊與主觀印象式的毛病，不過，卻亦不無餖飣獺祭的堆砌資料，雖嚴整而平庸的缺陷。評論藝術，如果論者於藝術沒有實踐上豐富的體驗，不免還是外行的「專家」。

這一百五十年來第一流的畫家，如果用最高的標準，便只能選出少數幾人（如果標準稍寬，當然也可選出十人或二十人；所謂「第一流」的定義與人數，並無宏觀的「標準」，乃因論者不同的思考而有異）。所以，論者提出怎樣的一份名單，基本上已對近代中國繪畫做了一番價值判斷；寫論不同寫史，但以那些畫家為主幹，隱隱然亦已表示了作者對這一段繪畫史的基本見解。就歷史而言即為「史識」。

三大指標

什麼是第一流畫家？很少有人願意提出這個問題，而給予答案。因為這牽涉到對於一個畫家的藝術成就與歷史地位的評價基準的問題。不應該苛求有人能提出公認的、最完善、最標準的答案。但是寫論的人必得面對這個無可逃避的問題。我認為有三點可以作為評判的依據：第一是畫家作品的藝術成就所達到的高度；第二是否具有開創性；第三是他對畫壇發生的影響力。

第一流畫家不僅要有相當的成就，而且其藝術成就要達到相當的高度。這裡面包括了他對過去的繼承、體悟與吸收是否既廣且深？而且要看看他的個人創造是否有獨特的面貌？有沒有具備時代性？換言之，一個藝術家的成就可從時代精神、民族文化的特色與個人的創造性三方面來著眼。而衡量他的總成就的高低，則必要將他置於他所處的時代的定點來考量，也即在歷史中來考量。

開創性是指藝術家除了達到相當高度的成就，還要衡量他的成就在藝術史上是否有開路之功？所開是否高光遠大之路？或者只是小道？在歷史上，有些藝術家有相當的貢獻，他延引、鼓吹、推廣某種派別或風格，造成一時的聲勢，嘉惠了許多追隨者。但是他若缺乏原創性，便只是造橋，不是開路，所以與大開創性的畫家比較，自然大為遜色。例如嶺南畫派創始者高劍父，移植東洋畫風到廣東，振興了嶺南繪畫；其弟高奇峰，在某些方面不無超越乃兄的成績，但二高的成就，在東洋畫中彷彿可見其形貌，其開創性便略嫌不足。又如清末的虛谷和尚（一八二四～一八九六），其畫風之獨特，堪稱前未曾見，甚富開創性。但所開只是小道，在畫史上自難佔有第一流大師的歷史地位。

只有開創了高光遠大之路，才可能有深遠廣大的影響力。所以品評藝術家的歷史地位，其影響力之大小也是不能忽略之要素。而考量其影響力之大小，有三種情況不能不細加分辨。第一種是一位藝術家只是採擷前人的成就，談不上開創，卻因本身的現實地位與種種現實因素（可能是政治、社會地位或其他因素）造成望風景從。這種影響力實際上來自前人，論者不能不察。第二種是當一位藝術大師如日中天，常有追隨模仿者，每麕集而成眾，紛紛以門人自許（所謂「入門弟子」，必不在少）。這種「影響力」來自眾多抄襲，故不能以「影響力」論之。因為真正的影響力是指感應、啟迪的「力量」。③第三種是對於一時一地有巨大的影響力，但其藝術成就根本未達到應有高度，甚至低俗平庸。或因其藝術品味很能迎合大眾，或因其人有種種現實權勢（也同上所舉，可能是來自政治、財勢等現實因素），必不能持久，常隨其人作古或失勢而沉寂。

真正的影響力要看經由其感應與啟迪，是否開創了一番新局面？它是否成為多元化再創造的源頭？譬如由明朝徐渭（一五二一～一五九三）的出現，而開爾後四百年水墨生紙大寫意人物花卉的風氣。從趙之謙、吳昌碩、齊白石以至潘天壽、李苦禪等乃至今日畫家無不受其影響，這才是可大可久的「影響力」。

震聾發聵

藝術不一定直接反映它的時代，但一定可以從藝術中感受到時代的氣息。藝術反映的是時代中社會、文化、人生的真相。了解藝術不僅純粹為了審美的追求，也為了更深刻、真切地體味人生、文化與社會。偉大的藝術有其嚴肅的內在精神，不是裝飾品。

近代中國繪畫自然也隱藏了近代中國社會文化與時代人生的真相。這一百五十年來的中國繪畫，可以說顯示了差不多已僵死的文化以及其中某些甦醒與掙扎。但時至今日，中國繪畫還有死的大半面，跳著殭屍之舞。

中國藝術近代以來的危機，根本上言，是中國文化危機的反映。自清末開始中國歷史上數千年未有的大變局以後，國族社會有了重大的變遷。但是中國人在思想觀念上，在人生觀與世界觀上，在審美與價值觀念上，仍然因循舊規，難以適應新時代的變化。所謂「國畫」④，實在是衰老文化的殘骸，是僵化的民族心靈所崇拜的「圖騰」⑤。不但在題材、觀念上已經僵化，在形式技巧上也已定型化；不但不能表達變遷中的世界觀與人生觀，不能表達新局勢之下社會各階層的感情與欲望，也不能正視現實社會人生的情態。這樣的傳統既斷絕了藝術生命的源頭活水，便不能再生長，再發展。所以，一方面是中國畫越來越腐敗，一方面則是一部分藝術的追求者對傳統的厭棄、疏離乃至背叛。其結果是對於傳統的迷戀而形成頑固的「傳統主義」，而對傳統的疏離反叛則引發了追隨西方方興未艾的現代主義而形成「全盤西化」。這個兩極化的局面，愈來愈見明顯。隨著國力的衰微，西方文化衝擊的加劇，文化自信心的低沉，繪畫上喪失自我的全盤西化遂益發膨脹，與傳統主義的腐敗成為極不調協的對壘。

《大師的心靈》所要評介的畫家，就是這一百五十年來面對上述的局勢，突破兩極化的迷思，而思有所振作，並獲得歷史性成就的少數大師。他們也可以說是近代中國藝術界的文化英雄。他們當中，有的從傳統中躍起，取精用宏，振興抉發，企圖使傳統起死回生；有的由域外引進新思想、新方法，開創一個新局面；有的融鑄中外精華，撮配孕育，以期新品種的誕生。他們的奮鬥與功績，也是中國現代化歷史性的勛業的一部分。他們與近代以來思想史上第一流的人物如康有為、梁啟超、孫逸仙、蔡元培、胡適之、吳敬恆、梁漱溟等人都是各領風騷的大將。在為中國文化求出路上言，則都殊途同歸。認識他們的價值、他們的貢獻，絕不能狹隘地把他們僅僅局限於繪畫或藝術的範圍來品評，同時更應該從近代中國文化變遷的歷史中來認定他們的地位。

所論以中國繪畫大傳統中的水墨畫創作上有大成就的畫家為限。這是因為在由西方引進的畫種中，雖然也不乏李鐵夫、顏文樑、常玉等等及移居外邦的著名油畫家，不過，他們的創作尚未本土化，尚在嘗試，還未能匯入中國繪畫之範疇之中，故暫不論列。

個人覺醒

在比較古代繪畫與近代至現代繪畫的根本區別的時候，如果能夠發現某一指導性的原理，必為研賞繪畫者所渴望。為什麼十四世紀的倪瓚，十七世紀的八大石濤，十八世紀的揚州八怪使我們覺得比較「現代」，而二十世紀大家所熟識的畫家張大千、溥心畬、吳子深、吳湖帆、于非闇、陳之佛等等中國畫家，卻似乎去古未遠？二十世紀破曉的時候已經有突破陳陳相因的傳統的大家，而眼前卻不無承襲文人畫遺風的今之古人。是什麼素質使我們覺得古代與近代判然有別？什麼條件教我們認識誰是最近這一段歷史時期中最重要的大畫家？

苦苦思索這個困難的問題，為的是要在選擇近代第一流的畫家有了可掌握的原則；而這個原則的發現，對研究者、批評者與欣賞者，或有廓清雲翳，直探真相之助。

任何藝術所表現的意與象，都包括普遍性與特殊性兩部分，而且必須是兩者和諧的統一。就普遍性而言，乃指人類共同的感受、共同的體驗、共同的認識。藝術之所以稱為人類共同的「語言」，之所以能超越種族、文化、國界與時代的差異或隔閡，達到普遍共鳴也以此。就特殊性而言，一方面指藝術的創作者在人生世界中別有慧眼與慧心，在普遍性之外另有發見；一方面指創作者的人格，包括他的天賦、歷練、個性、學識、修養、氣質等等方面所構成的獨特性，更是藝術的創造性的來源。「風格即人格」是顛撲不破的名言。

古代藝術不完全是創作者一己感情的表露，而更著重其社會性的價值。不論是來自道德、宗教上的使命，或教育上的責任（正如孔子說：「詩可以興，可以觀，可以群，可以怨，邇之事父，遠之事君，多識於鳥獸草木之名。」⑥），都重社會性。唐代張彥遠的《歷代名畫記》也宣示藝術的宗旨在「成教化，助人倫」⑦。中國繪畫歷史悠久，在漫長的歷史中，藝術所表達的普遍性的感情與願望，漸漸形成民族共同的意識。而由於中國祖先崇拜與述而不作的傳統習尚，造成了因襲模仿的流行。自元代以下，中國畫以文人畫為主流，六百年來在表現風格與筆墨技巧上雖有拓展，在思想感情上則沒有多少突破。傳統畫家連技法也多因襲古人，造成藝術創造的停滯。這在美術史家已有大致相同的見解。

西方藝術也有悠久的歷史，也有過陳陳相因的現象（任何看過西方美術館所展覽中世紀的宗教畫者，必深有此感），但是自從文藝復興以降，尤其自工業革命之後，西方藝術基本上反映了社會的變遷。近代至當代，新思潮與新畫派推陳出新，波瀾壯闊，與中國畫壇的靜止狀態恰成強烈對照。而且西方沒有以模仿前人為榮的習尚，近代更提倡個人的覺醒，甚至有反傳統的行徑。中國藝術既然積聚凝集了民族普遍性的感情與意識，這些集體的情愫，遂提供了一班崇奉先人的畫家們因襲模仿的軌範，所以中國畫的「藝術價值」慢慢形成它獨有的、定型化的、狹隘的內容。中國畫在理念上過於偏重道德教化，人格教育的功能；從實用上言，中國畫是珍玩。賞心悅目的山水，高潔出塵與婉麗端淑的「高士」「美人」，或者是生動優美的花鳥蟲獸，正發揮了「美化」人生生活，裝飾生活環境以及成為玩物的功用。畫家送人畫作，常題「補壁」「雅賞」之類字眼，確也說明畫家專門生產愉快的、美麗的、可愛的裝飾品與消遣品。中國傳統繪畫的山水、人物、花鳥，充分體現了民族集體的感情，表示了民族共同的要求：透過圓熟、精美的形式，表達了虛矯的道德境界與高雅情懷。同時也常常巧妙地透過象徵性或暗示、影射等手法，表達了富貴、長壽、吉祥、如意等世俗願望。

這種矯情的、俗濫的、定型化的、公式化的集體感情與要求，使中國繪畫僵化，也使傳統原來的光輝漸漸暗淡。傳統既成死水便失去創造發展的生命力。許多傳統畫家成為「今之古人」，以各種不同的方式複製規格化的「中國畫」，沒能體現近代以來藝術從呈現集體意識發展為表現個人內在獨特性的時代趨勢。古代有鮮明獨創性的畫家卻反而能從傳統的因襲中掙脫出來。例如元朝的倪瓚，明朝的徐渭，清朝的龔賢、八大、石濤、揚州八怪等，都是他們時代中的雞群之鶴，使我們感到這些大畫家比民國以來的許多「傳統畫家」更富近代——現代的精神特質。

近代以降的時代精神就是個人的覺醒。在表現普遍性的共通感情之外，更強調個人特殊的感情，所以風格的獨特性比功力的深厚更應受肯定。——古代繪畫正好相反，偏重而且強調普遍性的集體感情。內容既然千篇一律，畫家的成就就必須在「功力」的深淺上見高下。當然，技巧的功力，不能忽視，但技巧不等於藝術。

明白了這個道理，我們便可以將古代與近代中國畫做一番對比。不論古代作品如何優秀，我們固然可以體會到作品中表現了那個時代的世界觀與人生觀，欣賞畫家如何透過卓越的技巧去表達那些內容，但如果希冀從作品中去領會畫家個人獨特的思想感情，則比較困難。古代著重表達普遍的集體的感情，尚未有表現畫家個人特殊性的要求與自覺。而近代以來許多畫家的畫作就不同，不但表現了個人的世界觀、人生觀、審美趣味、獨特的個性，甚且偶爾也表達了個人的身世與經歷。個性的覺醒與個人獨特思想感情的表現，不依附前人，不沿襲套式化的集體感情，這正是近代與古代繪畫的分野。

西方自啟蒙運動以來，個性解放更高唱入雲。西方現代主義藝術即使有許多可以批判與詬病之處，但是個人風格強烈的追求卻值得稱美（當然，西方現代畫也大有人云亦云，抄襲模仿的現象。中土畫壇更多捕風捉影的現代畫家，不過，那反而是反「現代」的）。人類歷史進入近代以來，個性的覺醒不約而同。不過，中國近代受到西方的衝擊與侵略，西方正是帶著啟蒙運動以來的近代文化進入中國。五四運動時代中國知識分子所倡導人的尊嚴與個性解放，直接接受了西方的思想，當無可置疑。

時代之聲

個人的覺醒給藝術帶來了什麼呢？

我想借舞蹈的例子來說明。西方的古典芭蕾是優美、動人，令人陶醉。而西方現代舞的創始人，三百五十年來古典芭蕾第一個革命家瑪莎葛蘭姆的名字大家已耳熟能詳。現代舞表現的不再是線條的柔美，而是人間真摯的感情，赤裸裸的感情，人生的痛苦與掙扎。

於是，近代藝術的意義與特質有了變遷與發展。藝術不再是傳統中國人異口同聲所說的「陶冶性情，美化人生」。藝術絕不如此簡單，如此狹隘。羅丹雕刻了「老妓」，杜米埃畫社會的下等人，梵谷表現了生命的激越之情。我們中國，八大山人表現了亡國之恨，任伯年表現了顛沛流離、饑寒交迫，傅抱石表現了「悵望千秋一灑淚，蕭條異代不同時」的屈原與杜甫的悲憤，蔣兆和表現了日寇侵凌下的「流民圖」。在近代，只有僵化麻木的心靈才迷醉於古典的優美的模仿中，甘為古人奴，甘為「美化」人生的裝飾品。第一流的畫家並不專門提供美麗與可愛的玩物。我於此提出另一個近代中國繪畫的特色，那就是幾乎所有第一流的近代中國畫家，他們最重要的一部分作品都飽含了「苦澀的美感」。這五個字原本是我一九六九年為我自己第一次個人畫展所寫的一篇「自序」⑧。二、三十年後體味、思考近代中國畫美感特質，再用這四個字，實為始料所未及。

或許有人認為這僅是我個人的偏見，其實不然。假如我們明白近代以來個人覺醒的時代精神，便知道藝術上捕捉自然之美與客觀事物之美，傳達共同願望與趣味的時代已經逐漸為表現藝術家個人獨特的內心世界所取代。當藝術演變為個人的感情、想像、幻想、心理、慾望……的表現的時候，人生的孤獨、空虛、寂寞、恐懼、痛苦、悲傷等感情便成為藝術表現最普遍的內涵。何況近代中國這充滿苦難的一百多年，更加重了藝術苦澀的色彩。我們可以看到那些第一流的畫家，因為表現了時代的精神與個人的覺醒，他們的作品多半流露了沉重與感傷。只有那些缺乏時代感應與個人獨特情懷的仿古畫家才依然陶醉在濃艷亮麗、清雅甜美的製作中，以其精妙的技巧取悅一知半解的賞客。

《大師的心靈》不單為畫畫的人而寫，也為藝術界人士，更為關懷中國文化的知識分子而寫。

何懷碩一九九八年八月於台北

註釋

①見何懷碩著《藝術・文學・人生》，金耀基序。

②近代史的起始一般從一八四〇年鴉片戰爭算起。蔣廷黻、郭廷以皆如此。一八四〇年恰又是近代大畫家任伯年出生的一年。而任伯年是最富近代氣息的畫家，以他開始，應該是非常恰當。

③按「影響」兩字出自《書經》疏曰：「若影之隨行，響之應聲，言其無所不報也。」《辭海》，今謂起於某點之事而波及周圍曰影響。英文influence有感化、指導之義，與抄襲plagiarize或模仿imitate大不相同也。

④「國畫」是海禁大開以後，相對於「西洋畫」、「東洋畫」而有的名詞，歷史甚短。「國畫」或「中國畫」其實只是以文人畫為正宗，以水墨為表現手段的傳統繪畫之一種。我認為應稱「水

墨畫」較為妥當。對這個問題，我在〈現代中國畫發展中的觀察與思省〉（刊香港《明報月刊》，一九八六年五月號）一文中有詳細論說。

⑤圖騰 totem 是原始民族社會以某一自然物為符號，以認同血緣，促使團結，是靈物迷信與祖先的崇拜，故視為神聖。圖騰是以某自然物為造型對象，刻畫成為形象標記，可以視為原始美術。

⑥《論語・陽貨》。這裡的「詩」指《詩經》。

⑦唐・張彥遠，《歷代名畫記敘論》（西元八四七年）。

⑧何懷碩，舊版《苦澀的美感》，頁七七～八三。

傅抱石〈臨流獨坐圖〉
這是60年代在台北只值美金20元的傅抱石精品

20

大師的心靈

蒼頭異軍

任伯年

時代背景

「藝術反映時代」這句話，在某些條件之下，可以說有其顛撲不破的道理。藝術是人的「現象」。就人與人、人與他自己以及人與宇宙萬彙的關係，其中某些普遍的、不變的因素而言，藝術雖亦有可能不一定要反映它的時代；但就某些特殊的、變動不息的因素而言，則必定直接、間接地反映了藝術產生那個時代的特質。而藝術家原來是具體的人，必存在於時空座標的某一點上。完全孤立絕緣於現實時空之外的「人」並不存在。藝術正是普遍性與特殊性因素的統合。所以，任何藝術無不直接或間接，彰明或隱晦地反映了它的時代。換句話說，藝術的存在、演變或發展，都必受到它的時代中某些社會、歷史、文化的條件所激發或限制。當然，藝術不是時代的記錄，不是社會生活的圖解。它是自然而然地，曲折委婉地蘊涵了它的時代精神。

以任伯年為《大師的心靈》的第一位畫家，是因為他的生年恰巧是鴉片戰爭（一八四〇年）的開端，一般也正是史家認為近代史的起點。要了解任伯年的時代，我們得先對鴉片戰爭前後中國社會與文化的局勢有一些基本的了解。

十九世紀以前，中國與西方還沒有邦交。雖然滿清在嘉慶、道光以來，政治腐敗，國勢逐漸衰微，不過，基本上還維持「天朝」的虛驕。但是這個時候，經過了工業革命的英國，挾其頭等的生產力與堅船利砲，開始向外尋求殖民地。中國歷史上雖也有過許多外患，但對於這個與前迥異的新敵人，完全沒有認識，根本不知道，這次不是以上國的文明對付狄夷胡羯，而是以中古文化對付近代文化，以落伍的人力畜力的農業文化對付先進的科技文化。鴉片戰爭慘敗的結果，中國自「天朝」變為列強欺凌的準殖民地，開始了前史所不曾有的屈辱與悲慘的命運。中國的文化與社會開始動搖、解體，與時代有密切關聯的思想、文學、藝術，當然也相應地有一番波動與變遷。

一八四二年，因「南京條約」而海禁大開。上海首先脫離古老的中國社會，快速地以與原來中國社會和經濟模式極不平衡的畸型發展，成為繁華奢靡的「十里洋場」，也所謂「冒險家的樂園」。

我們且不論這「十里洋場」的奸詐掠奪、窮奢極慾，與乎底層市民在華洋官商買辦以及各種權勢盤剝壓迫之下的悲苦。就近代藝術發展而言，地理的位置與工商業繁榮，往往是人文薈萃的先決條件，也往往是促使藝術興盛，風格別開生面的根本原因。由上層士大夫、皇室、官僚、貴旅所產生、支持與欣賞的繪畫「正統」，達到了發展的極限，漸漸沒落之後，中下層的藝術家，正因為近代商業的興起，有了生存發展的社會條件，才能起來與那個「正統」相頡頏，乃至取而代之，成為畫壇的新秀。距離任伯年及前後一班畫家（被稱為「上海畫派」）不到一百年之前，「揚州畫派」的盛極一時，已顯示了地理及經濟發展的因素對藝術發展決定性的影響力。

揚州當大運河和長江的匯合處，是南北交通運輸的樞紐。唐朝詩人杜牧有「腰纏十萬貫，騎鶴上揚州」的名句。康熙到乾隆是清朝盛世，揚州的商業在擁有船隊的鹽商帶動之下，繁華富庶，羨稱天下。富商官僚，築建華屋大宅，園林亭榭，極一時之勝。遂吸引各地畫家與文人來集。在繪畫方面人才濟濟，尤其以「揚州八怪」成為反「正統」（當時的「正統」代表人物是董其昌及四王）突起的異軍。

「上海畫派」崛起，與「揚州畫派」的社會背景有某些相似處，所以兩派畫藝在反正統、商業化等方面略可相持並論。但也有不同：上海這個新興的工商業大都會，是以來自西方的文化壓倒中國固有的文化，上海畫派不免受到西方文化的某些影響。就商業化而言，揚州畫派雖然也多半以賣畫為生，鄭板橋並訂有「潤格」，但由於揚州的畫家出身文人，多半還做過小官，他們的士大夫文人氣質很濃厚。而上海畫派畫家出身更低，任熊、任薰、任伯年、吳昌碩、蒲華出身都極窮苦，絕大部分都是布衣，完全靠鬻畫自給，藝術與商品的距離不免更近。

新興的工商社會，對藝術有更廣泛、更大量的需求。收藏者與欣賞者不再局限於皇室貴族，更多的是商人與中產市民階層。而正統士大夫畫家不能適應商人與市民的需要，不能投合他們的口味，正好由出身清苦的天才出來扮演畫壇上的蒼頭異軍。這些以賣畫為生計，也即為過去士大夫不屑的專業畫家，揭開畫史的新頁。他們沒有正統派的枯淡雅逸與古奧的書卷氣，卻多的是一股生猛的朝氣，雄渾的生命力，以及與社會、生活、民眾息息相通的時代精神。

以任伯年為翹楚的「上海畫派」（也稱「海上畫派」或「海派」）就在這樣的情勢之下崛起春申。

生平回顧

任伯年初名潤，後更名頤，伯年是他的字，又字次遠，號小樓，又作曉樓。原籍浙江山陰（今紹興縣）航塢山人，後遷居蕭山（在紹興縣西北）。故常署「山陰任頤」。

關於任伯年的生平，缺少記載。流傳的故事，亦多不可信。徐悲鴻根據有限的「口述歷史」，曾為任伯年寫過評傳①，雖然難能可貴，但其中年代錯誤，而關於任伯年偽造任渭長畫扇街頭求售的故事，也缺乏根據。這個故事差不多任何談任伯年的畫或文章都津津樂道，幾乎成為「史實」，以訛傳訛，只是小說家言。根據任伯年的兒子任堇叔跋任伯年為父親任淞雲畫像，我們知道任淞雲大概死於一八六一年冬天，則「伯年十五、六歲時，其父卒，即轉徙上海」（徐悲鴻〈任伯年評傳〉）便與事實不符。我們可從任伯年一八六八年畫「東津話別圖」知道他畫完此圖即北上。同年冬天，他畫「沙馥三十九歲小像」題有「同治戊辰（一八六八年）冬孟任頤伯年寫於蘇台寓齋」，證明這一年他是在蘇州。但任渭長一八五七年已經逝世，他當然不可能在上海見到任渭長，更不可能因偽造任渭長書畫而得到任渭長賞識。據陳半丁所說，任伯年在蘇州從任阜長（任薰，是任熊渭長之弟）學習不到半年，便去上海。可知這一年是一八六八年，這時任伯年已二十八歲（據云「東津話別圖卷」題簽任伯年寫有「二十九歲作」。照中國舊時算法，往往是虛歲加一）。這裡我為任伯年生平歲月略作一番考證。但本文不為史傳，有關畫家的年譜，留待重寫任伯年傳的學者去研究。近代這樣重要的畫家，他的生平我們知道得這樣少，錯謬卻這樣多，可見我們對歷史、對藝術、對民族天才，是如何荒忽。

任伯年生於一八四〇年（道光二十年），卒於一八九五年（光緒二十一年），只活了五十六歲。其中後三十年一直在上海鬻畫。他的一生經歷了兩次鴉片戰爭，太平天國洪楊之亂、自強運動、甲午中日戰爭，至馬關條約締結的那一年為止。近代中國這一段最悲辛的歲月，就是任伯年生命活動的時空背景。

任伯年出身貧寒，讀書學畫，除接受了民間肖像畫工父親的家學，後來又短期跟從任阜長，得到兩任畫風的薪傳之外，全憑他過人的天秉以及從民間藝術與時流名家那裡領悟吸收，勤勉自學而成為海派中之佼佼者。他沒有著述，在畫面上除寫姓名、時、地之外，甚少詩文題記，所以要研究任伯年，必須直接從他的畫蹟上著手。

別出心裁的肖像畫

任伯年畫藝的成就，以人物畫最高，其中尤以肖像畫為明末曾鯨（一五六八—一六五〇）以來一人而過之。

肖像畫在古代稱「傳神」或「寫真」。相傳商代武丁時已有「畫像求賢」的故事。東晉顧愷之有「傳神寫照，正在阿堵中」的記述。唐代有閻立本「歷代帝王像」。五代有顧閎中畫韓熙載夜宴圖。兩宋李公麟、蘇漢臣、陳居中都是寫真能手。元代王繹不但工肖像，且撰寫《寫像秘訣》。他的「畫楊竹西小像卷」（倪瓚補景）是中國肖像畫史上扛鼎之作。明朝以曾鯨為最重要肖像畫家。在他以前，肖像面部主要是單線勾勒，渲染較少。清姜紹書說曾鯨「每圖一像，烘染數十層，必匠心而後止。」②他已吸收了西洋畫法，但仍以「墨骨」為重，反覆烘染，然後著色，所謂「曾波臣法」，對後世影響極大。陳衡恪說「傳神一派，至波臣乃出一新機軸」。至揚州八怪，也有肖像畫名作，而且別具一格，以神韻意趣勝，如羅聘的「蕉林午睡像」與「冬心先生像」。

任伯年承繼這個肖像畫的傳統，而自出機杼，他的肖像畫兼有傳統的工整嚴飭與神韻意趣，又融匯西洋畫的體積與結構的特色，化為生動傳神、瀟灑不羈的線條和筆墨色彩，痛快淋漓而精確洗鍊，不但是明清肖像畫最突出的巨匠，就在中國畫史上，也所罕見。

傳統肖像畫，嚴整者必細筆勾描，往往失之板滯；意趣横生者，必逸筆寫意，不拘形似。例如梁楷之李白像及揚州八怪之稚拙天真，神韻凜凜，卻只能針對特定對象，偶一為之，不足以成為傳神寫像的常法，也即不能建立系統的肖像畫的技法規律。逸筆草草，妙趣横生，往往有漫畫趣味，很難表現更強烈，更深厚的繪畫性。任伯年最高超的本領，就是能將兩者合一。他能以近乎寫意的逸筆，勾勒取神，表現出細筆勾描才可能有的嚴整、莊正與準確。如果不能體會到這一層，就無法領會任伯年肖像畫的造詣，也必不能認識他在畫史上的地位。

除了天賦，任伯年的人物肖像畫有其淵源。他的父親任淞雲（鶴聲）就是一位肖像畫家。他要任伯年能背寫來訪客人形貌。任伯年「承庭訓」，學會了背摹默寫的工夫。顧閎中的「韓熙載夜宴圖」就是「夜至其第竊窺之，目識心記」③得來的。中國肖像畫傳統的精華就在於觀察，捕捉所畫人物自然流露的神情，然後默記默寫，使形神兼備。不像西方以正襟危坐如泥塑人寫生而得。這在宋人陳造、元人王繹等等有關著述都彰明中國肖像畫「傳神寫照」的偉大傳統。

任伯年不僅深得寫真術三昧，而且得到民間藝人的引發，製作過紫砂器皿。並且曾捏塑過他父親的塑像。「高三四尺，鬚眉衣褶，備極工細」④。畫史上能畫又能雕塑的畫家寥寥無幾。我們可以明白，多方面的才藝、多方面的體驗和修養，以及與民間藝術密切的血緣關係，使任伯年與一班因襲模仿的名家，自然不可同日而語。此外，任伯年因為生活在上海，他曾向當時上海天主教會所辦的圖畫館主任劉德齊學過西畫。據沈之瑜《關於任伯年的新史料》，說劉有很深厚的西洋素描基礎，對任伯年很有影響。任伯年每外出必備一手折，作鉛筆速寫。接受了西洋畫的影響，是晚清上海畫壇的時代特色。但任伯年接受西方畫法的啟發，創造性地發展了中國筆墨，做到水乳交融，絕無生硬拼接的痕跡。

我們可從他為吳昌碩（他的摯友，也一半是他的「學生」）所作兩張肖像畫來窺探任伯年肖像畫的造詣。

「蕉蔭納涼圖軸」、「酸寒尉像」是任伯年為吳昌碩所畫起碼五、六幅肖像中最佳的兩幅（其他還有「蕪青亭長像」、「饑看天圖」、「棕陰納涼圖」等）。「蕉陰」這一幅沒有年款，畫左上角有吳昌碩篆書五言詩，裡面說「行年方耳順，便得耳聾趣」。其實吳昌碩題畫時，是六十一歲（光緒甲辰，一九〇四年），任伯年已不在人間，足見吳題是以後補上去的。

任伯年肖像畫過人的成就，在於他運用傳統筆墨線條，而有栩栩的生活氣息，與在他之前的人物畫那種「古意盎然」大不相同。

所謂「古意盎然」是因為中國畫在傳統中積累了套勾描敷彩的方法，面相眉眼，身手衣紋，都已有成法。凡按照此成法，只要功夫下得多，總有可觀。但也必定陷入典範化的模式之中。各種不同身分的人物，差不多成為定型化的「臉譜」與「身段」，甚至一幅中幾個文人高士，宛若孿生兄弟。典範化的結果，面目古奧，是因為這些「臉譜」或「身段」，是歷代畫家不斷增革損益，共同塑造的「典型」。只要學會了勾描敷彩的成法，似乎就算是人物畫「家」。我們看中國畫許多高士美人有如出自同一模子所鑄造。「模子」既大半為傳統所提供，要不古意盎然其難哉。

所謂「生活氣息」，就是畫家雖然精通傳統技法，但畫肖像的時候畫家是由個人觀察與感受出發，對象的外貌與神情，了然在胸，然後斟酌傳統筆墨，結合其他修養，表現為個人創造性的形象。這裡面有被畫的對象的生命，也有畫家個人獨特的、親切的、鮮活的感受。此之謂「生活氣息」。所謂其他修養，在任伯年而言，是他對雕塑的體驗以及西洋畫的啟發。他的肖像畫能高出前人，良有以也。

「蕉蔭」圖中吳昌碩的造型，不但傳神，而且比例、體積、結構，都超越傳統的成就，有突破性的創造。我們看到袒著大肚子，赤膊坐在竹坑上的吳昌碩，那身體是一個潦倒文人的形象：皮肉鬆弛，面帶憂戚，而手執破葵扇，閒坐蕉蔭，一副落拓不羈、蕭條困頓的神態。不畫焚香，也不畫品茗，沒有文人雅士肖像的「俗套」。任伯年不是一般畫家，他的畫是從有血有肉的現實生活感受中來的。

「酸寒尉像」作於一八八八年，任伯年四十九歲，吳昌碩四十五歲。吳曾做過縣丞，是微不足道的小吏。畫中吳一副「冠服、端立、拱手、厥狀可哂」的尷尬相，帶有諷刺的意味。這幅畫面部用勾勒與皴染，袍服則寫意，色墨淋漓，形神俱足。

另一幅「饑看天圖」，像主吳昌碩背手而立，一臉憂憤。吳昌碩在旁有長詩題跋，中云：「……頻年涉江海，面目風塵枯。深抱圖窮節，豁達忘嗟吁。生計仗筆硯，久久貧向隅。典裘風雪候，割愛時賣書；賣書猶賣田，踐闕皆膏腴。我母咬菜根，弄孫堂上娛；我妻炊扊扅，甕中無斗糈。……」

看了任伯年筆下的吳昌碩，對於苦難時代中貧困的文人顛沛流離的遭遇，令人無限同情。任伯年的肖像畫很多，大都是他熟悉的友人。從生命中的相感相應中得到靈感，以流暢、有情的筆墨「寫」出來。這個「寫」字正是任伯年得意自許的絕技。⑤

人物畫獨步晚清

除了肖像，任伯年的人物畫也獨步晚清畫壇。一方面由於他過人的領悟力與想像力，對民間傳說與文學掌故的博聞彊記，加上他不受傳統束縛，力求推陳出新的創造性與游刃有餘的技巧，而展現了他別開生面的人物畫世界。沒有唸多少書的任伯年，常常被妒罵「俗氣」，但他筆下所表現的文學故事、詩詞意蘊、歷史典故、神話傳說、歷史人物、民俗人物，其豐美精妙，令人驚歎，豈是一般文人畫家所能比匹！

他的人物畫傑作，如蘇東坡承天夜遊、東坡遊赤壁、小紅低唱我吹簫、許由洗耳、蘇武牧羊、八仙、群仙祝壽、女媧煉石、紫氣東來、叱石成羊、赤壁、鍾馗、風塵三俠、桃源圖……，以及許多虛擬的人物畫，如關河一望蕭索，樹蔭觀刀圖、故土難忘、送炭圖……，與一般中國畫的「人物」大不相同。有的是寄託了他對偉人或英雄的仰慕，對他們的理解與想像；有的是借古諷今，別有意涵；有的是表現了對正義、對人間之美、對吉祥幸福的憧憬；有的是暗含了國家破碎、民旅苦難的感慨與悲愴。

任伯年憎恨外國侵略者的欺凌，他曾因逃難而捲入太平軍中，在軍中掌過軍旗，其時大約二十二歲。可惜沒有詳細資料，只憑其子在任伯年四十九歲照片題識中所述，且語焉不詳。⑥但我們可知他對太平天國與其響應者如「小刀會」或許有些關聯與同情。他的「樹蔭觀刀圖」題「光緒戊子首夏，山陰任頤為滬上點春堂之賓日閣下補壁」。「點春堂」在上海豫園內，小刀會領袖陳阿林曾在此設立公署，指揮作戰。太平天國失敗後二十多年，他為點春堂畫此圖，亦不無懷念之意。我們不必苛責任伯年是同情亂匪，或者美化他是「革命英雄」。但可知任伯年是有血性、有感情的藝術家。對於他的苦難的時代，他不是麻木不仁，是有滿腔的激越。他的人物畫總有一種悲涼低迴的況味內斂，這也正是他的畫的時代精神之所在。

他在一幅「蘇武牧羊」中有「身住十里洋場，無異置身異域」的題句。我們從這無限感慨的題句中，可以領略他的「關河一望蕭索」、「故土難忘」等畫，暗含家國破碎的隱痛，均別有深意在焉。他畫「女媧煉石」，把女媧下半身畫成石形，表示女媧是要將自己煉成石去補蒼天，使天下太平。這樣創造性的想像，在畫史上足以睥睨古人。任伯年不愧是中國畫史上偉大的人物畫家。

任伯年人物畫的傑作甚多，無法一一分析評述。他的人物畫有另一個重要的成就，那就是人物群像有一種有機的整體關係，形成了內在的張力。我品味任伯年作品，深感他是畫中小說家或戲劇家；他的群像人物大作品，好似史詩。他的「華祝三多圖」、「群仙祝壽圖」就是這樣的巨構。「華封三祝」典出《莊子・外篇・天地》，是華封人向古帝堯三祝頌的故事。畫面古木參天，人物十人以上，結構嚴密，色彩典麗，宛若舞台上瑰壯的場景。更常見而膾炙人口的是任伯年所畫十二幅「群仙祝壽圖」通景屏風，有人認為此畫應為十六幅，即後四幅已亡佚⑦。這幅巨製是西王母壽辰，各路神仙前來祝賀。人物多達四十六人（其中仕女三十一人）。評家都認為任伯年筆下神仙，都有市井百姓的樸茂淳真，真實親切。即使畫古典題材，任伯年的畫還是顯示出鮮明的近代精神。

人物畫難，人物群像更難。人物群像而能表現出有如小說或戲劇之整體關係，形成一個有機的場景，有鮮活的生活氣息，不致成為孤立的人像拼湊，這是更難達到的藝術成就。

要達到這樣的成就，絕非僅賴「功力」而可獲致，而要有對人間的熱愛，對社會人生的關注，加上銳敏的觀察力，卓越的領悟力以及長期的修練（默記、背寫、素描、速寫等反覆錘煉）。中國人物畫的傳統，重在神采。這是傳統的精華，殆無疑義。但若只重神采，因而過分忽視形體，將「神」與「形」分離，便不免有蹈空凌虛的毛病。因為沒有「形」，「神」將焉附？任伯年的畫所以能形神兼備，就因為他的人物神采正是透過形體容貌來表現的。表情、動作、體態、正反背側，以及人物之間的呼應、人與景之間的關係（顯露於景物之外或隱藏於景物之間，人與景物的對應等等）乃至群像所連成的動線的變化，人物的疏密起伏與姿勢表情，構成了戲劇性的張力，才能引動觀賞者的情緒進入畫境。任伯年在這方面的才華與造詣，差不多可以說是前無古人。

「群仙祝壽圖」是任伯年三十多歲時的作品⑧，此時他的技巧尚未達到後來的高度，許多地方還保留著「二任」的痕跡。儘管如此，此圖仍是任伯年代表作之一。

除人物之外，任伯年更多作品是花鳥。但依我的拙見，他的花鳥畫比起人物畫來，不論就其藝術所達到的高度，就其開創性與對畫史的貢獻，都大不如他的人物畫。從任伯年在世到現在，有不少人認為他的畫流滑、俗氣。實在說，他的花鳥畫不無這些毛病。但我們若想到任伯年在上海那個新興的商業都會以賣畫為活計，為了應付主顧的需求，多數應付「訂製」的作品難免穠麗甜美。我們應該對他有一份同情的了解。儘管如此，他的花鳥畫還是有他的創造性。我認為他最好的花鳥畫，可用驚、藏、活三個字來概括其特色。花鳥每似受到驚嚇，或張口啼叫，或振翮飛去；每將禽鳥藏匿花木之下或背後，狀如避難；或孤獨無言，都別有寓意。伯年寫花鳥，用筆奔逸爽利，花草如迎風吸露，禽鳥如見躍動，一片生機活潑。即使在那些取悅顧客，極其艷麗通俗的花鳥畫中，還是顯露了他的才情與別具一格的構思。

山水畫本是文人畫「至上」的題材，在任伯年為數極少，其成績也大不如他的人物花鳥。大概他的長處是傳神生動，飛逸流暢，於山水的拙厚沈緩，在筆法上不大相宜的緣故。

師承與評價

任伯年的學生顏元曾經鈎摹過他老師的人物花鳥稿本千餘幅。任伯年創作生涯不過三十年，平均每年光是課徒畫稿就有數十幅。僅僅從數量上，已可知他驚人的勤奮與才思敏捷。他畫「群仙祝壽圖」，據說畫了幾十件小圖稿。他喜歡的題材，如「小紅低唱我吹簫」（姜白石詞）就有不同構圖十多幅，其他如「風塵三俠」、「關河一望蕭索」等等，同一題材，也反覆有迥然不同的構思。天才，加上用功，是一個大畫家不可或缺的條件。當然，假如沒有豐富的傳統，沒有扶持、獎勵、啟發他，而且也供他學習、借鑑、反省的同代師友，也不可能有任伯年。

任伯年師承「二任」，上窺陳老蓮，甚至上溯宋人雙鈎法；更從八大山人處，領會含蓄收斂，「懸腕中峰」；又從華新羅那裡體悟到「如公孫氏舞劍器渾脫，瀏漓頓挫」⑨之道。許多先輩名家，除二任之外，還有禹之鼎、費曉樓、胡公壽、王禮、朱偁、張熊等，對他都有提攜或啟發之功。「上海畫派」不始自任伯年，而卻由他集其大成而登峰造極。其實，他是那許多「營養」餵育成長的，他後來成為海派的代表人物，實在是他的天才、勤奮加上善於博采眾長的結果。他取法乎「中」，卻能自我超昇，創造了近代中國繪畫史第一個高峰。吳昌碩稱他「畫聖」，徐悲鴻尊他為「大師」，「為一代明星，而非學究；是抒情詩人，而未為史詩，此則為生活職業所限，方之古天才近於太白而不近杜甫。」⑩我以為都各有道理。就以李白與杜甫而論之，任伯年或兼有二人之長。或由他對平民百姓的感情熱愛與共鳴上，從通俗上言，他更近於白樂天。

對於海派的「低俗」，我們應有另一番評判。周樹人曾說，在京者近官，沒海者近商。中國自文人畫的品味獨專上品以後，對於與文人畫不同的美感價值不免一概詆斥。如果從藝術的多元價值來立論，董其昌與四王不能說全無價值，則任伯年與錢慧安等近於「民俗派」畫家也不能抹殺。何況以水墨寫意的，陳陳相因的南宗山水與四君子，使中國近代繪畫漸趨僵死。鮮活的，富於生活氣息的民俗派正有振衰起弊之功。何況任伯年是綜合了陳老蓮、曾鯨、八大、華喦、揚州八怪以及民間藝術的大家，也不能單純以民俗畫家視之。

最後，我想談談任伯年的畫中憂憤悲苦的一面。不可否認，任伯年的畫多數是明朗艷麗、優美愉快。上面已經說過，他是以賣畫為生的畫家，在那樣的環境條件之下，許多畫是主顧「訂貨」，我們不能苛求他不為五斗米折腰。不過，如果他只有那種作品，則充其量也不過是胡公壽、錢慧安、朱夢廬那樣的小名家而已。任伯年畫吳昌碩像，畫「樹蔭觀刀圖」，畫「干莫煉劍圖」，畫「女媧煉石」，以及許多別有深意，富於個人感受，構思獨特的人物花鳥；或從他偶爾有的題識中，都可窺見此人胸中，有一股鬱勃之氣，對於社會人世，可別有傷心懷抱。尤其是他一再以唐人警句「關河一望蕭索」為題所畫的幾幅，以及「故土難忘」、「關山在望」等畫，寄託了他「國破山河在」的悲憤，與對故土的懷念。這些畫，都有一股曠遠悲涼的意緒，寓意深切的內涵。瑟瑟秋風，慷慨悲歌，而都付予無聲的筆墨，酸楚無言的人物形象與蕭颯淒清的視境。

畫真實人物；表達個人情懷；假借古人古事古詩來抒發對社會人生的感慨，表現現實生活中的見聞（如「玩鳥圖」、「織婦圖」、「魚鷹圖」、「一篙新綠」等）；從現實、自然的觀察與寫生中，重新檢討古人筆墨，創立自己風格；從民間藝術中吸取營養，對士大夫文人畫有揚有棄；對傳統、對西方的影響有批判，有繼承與吸收。任伯年由貧賤的出身，憑他的天賦與努力，終於管領了海上畫派的風騷，並反哺近百年來中國畫壇，其影響力始終不衰。他是近代畫壇的蒼頭異軍，扭轉了清末畫壇奄奄無生氣的僵局，開拓了往後這一百多年來近代中國畫的新局面。他的創造性成就已經成為中國繪畫傳統最重要的一部分。歷來以「正統」的偏見，對任伯年的低貶與忽視，早該大大修正，未來必確認他在近代中國畫史上，是佔有崇高地位的最初一人。

註釋

①見陳宗瑞編《任伯年畫集》中除悲鴻〈任伯年評傳〉，一九五三年新加坡出版。

②姜紹書，《無聲詩史》。

③《宣和畫譜》。

④鄭逸梅，《小陽秋》。

⑤《海上墨林》卷三：「年未及壯，已名重大江南北。後得八大山人畫冊，更悟用筆之法，雖極細之畫，必懸腕中鋒，自言作畫如頤，差足當一寫字。」

⑥見一九二八年出版的《美術界》第三期有任堇叔題「任伯年四十九歲照片」。文長且年代有誤，不錄。

⑦丁羲元，〈論任伯年群仙祝壽圖〉，《朵雲》第六集。

⑧畫家張石園在「群祝壽圖」題簽中所記：「約三十八歲作。」

⑨見任伯年乙酉夏人物冊頁有題：「新羅山人用筆，如公孫氏舞劍器渾脫，瀏漓頓挫，一時莫與爭鋒。今人才一拈筆，輒仿新羅，益可笑焉。」

⑩同註①。

任伯年

代表作選

美人思春圖

岩仁兄大人
正之伯年任頤

荷塘游禽圖

伯年

仕女

何以誠像
1877年

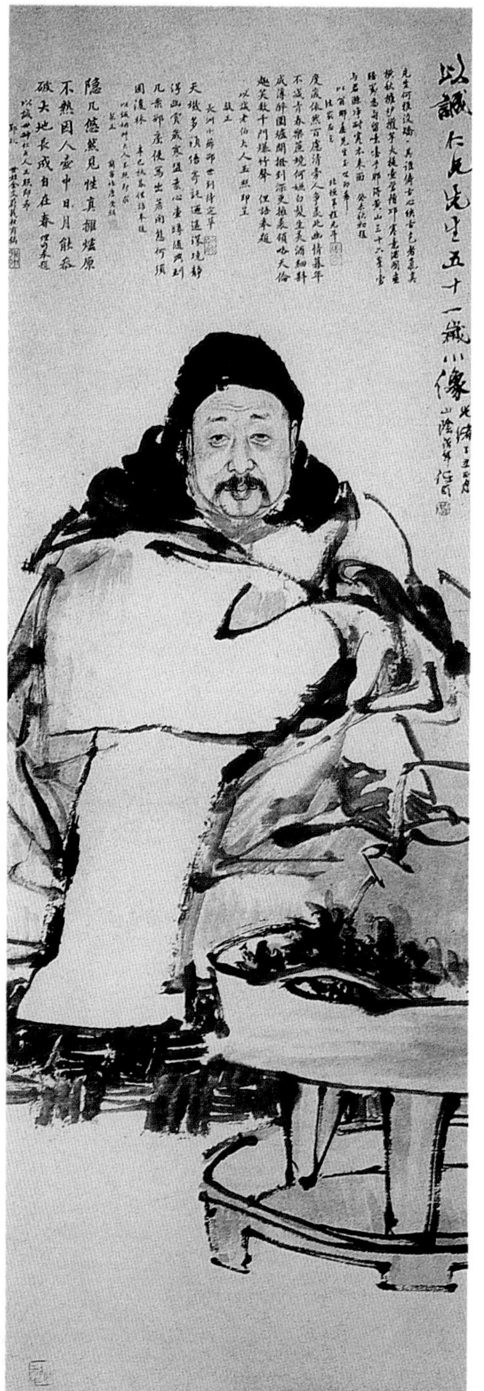

佚名肖像
1880年

梧桐雙鳳圖
1882年

光緒壬午
八月山陰任頤伯年甫寫於滬上

風塵三俠圖
1882年

光緒壬午首夏伯年任頤

關河蕭索圖
1883年

顯廷仁兄先生雅屬
光緒癸未二月任頤

桃石群鳥圖
1886年

光緒丙戌新秋
山陰任頤伯年甫

寒林牧馬
1888年

酸寒尉像
1888年

酸寒尉像
光緒戊子八月 昌碩屬 任頤寫

對壁賦詩圖
1888年

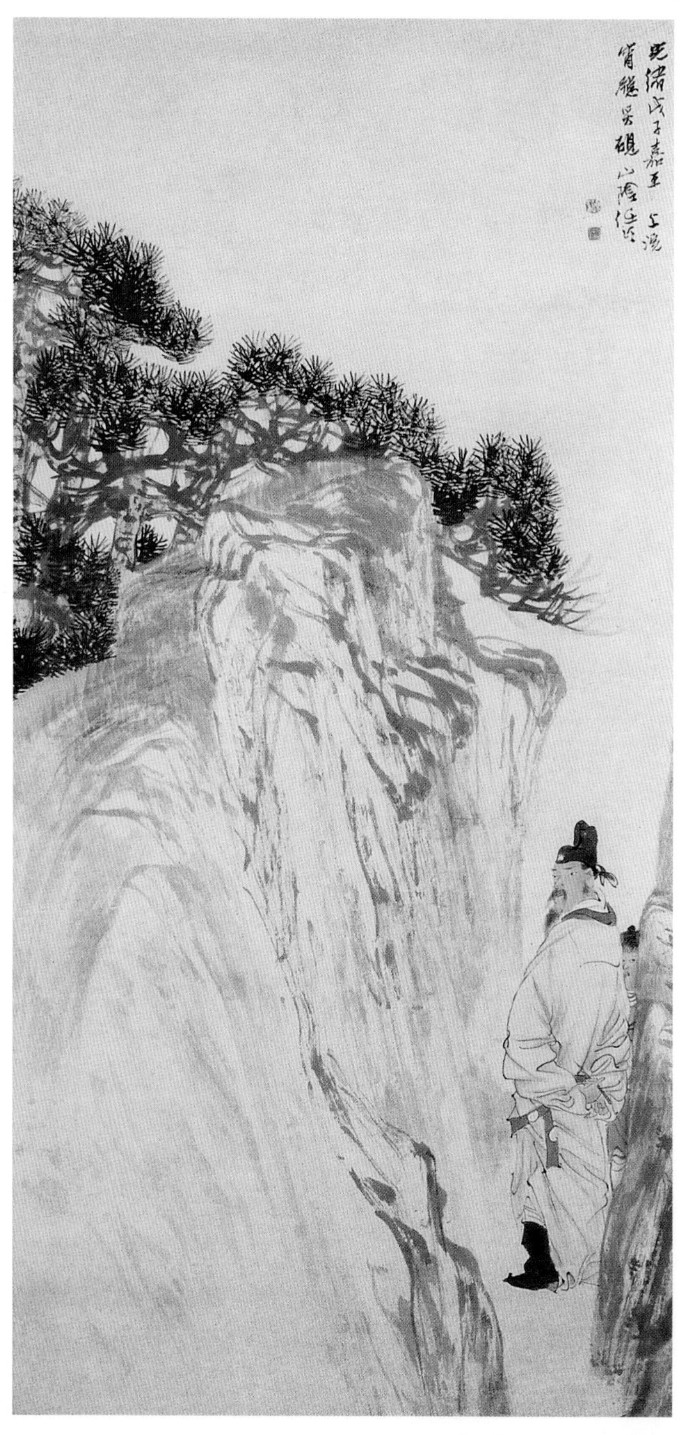

熔數千年碑碣金石鑄成苦鐵

吳昌碩

時代背景

有清一代，可以說是古老中國傳統文學與藝術的迴光返照。這個最後的高潮，顯示了三千年來舊文藝光榮的結束。在夕陽滿天彩霞中，好古、崇古、研古、汲古之風特別熾盛。在藝術方面，金石書法在這古典的黃昏中做了一次大總結、大整頓、大熔鑄，也因之綻開中國水墨畫金石畫派的奇葩。

造成清代在文藝史上這個局面，有多方面的原因。清朝以滿人入主中夏，對於漢族讀書人，採取高壓與懷柔兼施的政策。高壓方面是大興文字獄，焚毀書籍。懷柔方面，一面以八股科舉與博學鴻詞科吸引讀書人；一面纂修巨籍，將讀書人送入舊紙堆中去消磨歲月，同時接受思想統制。「在這一種文網嚴密思想統制的時代，學者的才力只能避免與實際政治發生接觸，於是學術的園地趨向於古典的研求。」這就是清朝樸學大盛的原因。①

「小學」與「金石」是樸學中的兩類。文字學與歷代鐘鼎彝器碑碣瓦甎形器及文字之考索，直接帶動對於古代書學的研究、鑑賞、臨摹與融匯創作。這是清朝書法繁茂發達，別開生面的主要原因。

另一原因是，嘉、道以後，漢魏碑誌大量出土，呼應著乾、嘉以來漢學復古之風氣，遂有「碑學乖帖學之微，入纘大統」之勢②。而大力提倡北碑者，是書法家阮元、包世臣與康有為。卑帖尊碑，是非功過此且不細論，此一革新，一洗墨守二王遺法之陳規，「以復古為解放」③，促成清代書法由晉唐直上漢魏先秦，呈現了一個千門萬戶的新局面；無論如何，對書史的發展，有不可磨滅的貢獻。

根據吳昌碩的兒子吳東邁所說，吳昌碩「學楷書，起初從顏魯公入手，後又學鍾繇，打下堅實的基礎，然後進而習隸。在隸書方面，他早期以臨摹『漢祀三公碑』為主，後來廣泛地觀摩了大量的漢碑拓本，又從中選出『嵩山石刻』、『張公方碑』、『石門頌』等數種，經常臨摹；同時也或多或少受到楊（藐翁）、鄧（頑伯）、吳（讓之）諸家筆法的影響。中年以後，他在博覽大批金石文物原件和拓本的基礎上，擇定『石鼓文』作為臨摹的主要對象。其後數十年間，他就在這一方面鍥而不舍，持續不斷地深入鑽研。」④我們可知，吳昌碩的書法之路，就是清朝書學革新主流的方向——事實上，他也就是清朝書法大家中不可或缺的一員大將。

生平回顧

吳昌碩原名俊、俊卿，初字香補，中年以後更字昌碩，亦作倉碩、蒼石，別號缶廬、老缶、老蒼、破荷、大聾、五湖印匄、苦鐵等。一八四四年（清道光二十四年甲辰八月初二）生於浙江省安吉縣鄣吳村，一九二七年十一月六日在滬寓逝世。

吳昌碩的祖、伯、父皆為舉人。父兼究金石篆刻，所以他幼承庭訓，十多歲讀書刻印已入了門徑。十七歲時饑荒加上兵戎，遇到了大災劫。是時太平軍進兵安吉與清軍混戰，吳家倉皇逃難。荒山野谷，弟妹餓死，後又與家人失散，經過了五年孤苦流浪的生活，打過短工、雜差，吃過樹皮草根，或將觀音土拌和雜糧煮食充饑。他在〈庚辛紀事詩〉中云「縱飯也充泥」。二十一歲經歷了千辛萬苦回到家鄉，只剩父子兩人。〈別蕪園詩〉記錄了這場浩劫：「亡者四千人，生存二十五。」這一段顛沛困頓的人生體驗，鍛造了一個大藝術家堅苦卓絕的人格，也確立了他的藝術基調。自此廢寢忘餐，焚膏繼晷，刻苦向學，鑽研經史及訓詁之學；學詩及各家書法；學篆刻同時精研金石學。

二十九歲離家到杭州、蘇州、上海尋師訪友。起初曾從清末經學大師、文學家兼書法家，杭州詁經精舍山長俞曲園學習辭章和文字訓詁之學。在蘇州、上海，結識了當時文藝界名流；詩文、書畫、金石、篆刻各方面的師友都是一時精英，孳乳了他的藝術生命。這些飽學之士，常常也是大收藏家、鑑賞家（如潘伯寅、吳平齋、吳愙齋）。所以，吳昌碩得以親睹三代彝器、秦漢印鉥、名人書畫跡以及其他珍貴文物。其間對他影響最大有三個人，即吳愙齋、楊藐翁與任伯年。

吳昌碩到中年仍然非常清苦，筆墨收入不足以贍生計，有友人為他納粟捐了個「佐貳」小官，有了掛名差使的微薄收入⑤。「佐貳」即「佐雜」，吳昌碩自稱「酸寒尉」者

（任伯年曾為吳昌碩作「酸寒尉像」。見本書「任伯年」文），即是縣丞。在此之前，他二十二歲時，縣學官迫促應試，中了秀才。但他不喜歡「八股文」，此後已絕意場屋。五十一歲時，正值甲午之役。當時吳愙齋（名大澂，字清卿）是湖南巡撫，請纓赴甲午中日之戰。吳愙齋便邀他參佐戎幕，前往山海關。可惜愙齋戰敗罷官，吳昌碩遂失靠山。五十三歲時，他還希望仕途有發展，借錢湊了二千兩銀捐了知縣，由同鄉丁蘭蓀保舉任江蘇安東縣（現為漣水縣）知縣。但吳昌碩畢竟不是做官的材料，做了一個月就辭去。所以他的自刻印中有「一月安東令」、「棄官先彭澤令五十日」等印。過去中國文人唯一出路是仕進，也許因為他結識了吳愙齋，更牽動了仕途之念；也許是一再失望，他才放棄仕途之念，矢志藝術的追求。⑥

楊見山，名峴，號庸齋，晚號藐翁，浙江歸安人。工書法，精經學，擅詩文。曾宦遊蘇州，因不善奉迎，為上所不容而罷官。人謂不該藐視上司，遂號「藐翁」以示傲世之志。書法中以漢隸最負盛名。吳昌碩敬佩其治學為人，曾誠意備函請列門下。藐翁覆信婉謝，願以弟兄相稱。信中有「師生尊而不親，弟兄則尤親矣。一言為定，白首如新」等語。吳昌碩詩中有「藐翁吾先師」之句，並自稱「寓庸齋內老門生」。這種師生情誼，世所罕見。藐翁的風格與人格，對吳昌碩影響至深。

鼓勵並引導吳昌碩由書家走向畫家的師友，則為任伯年。一般談論吳昌碩，都說他五十以後始學畫，其實不然。「三十學詩，五十學畫」雖是吳昌碩自己說的話，其實只是表示五十歲以前的畫他自己不滿意。現存吳昌碩「墨梅冊」款署「己卯三六歲」，可知他學畫在三十六歲之前，二十九歲到蘇滬之後。據龔產興記述吳昌碩的兒子吳東邁所說：吳昌碩三十多歲時，喜愛畫畫，但苦無師承，後經友人高邕介紹，認識了任伯年。任要他畫一張畫看看，他說：「我還沒學過，怎麼能畫呢？」伯年說：「你愛怎麼畫就怎麼畫，隨便畫上幾筆就是了。」於是吳昌碩就拿起筆來隨便畫了幾筆。伯年看他落筆渾厚挺拔，不同凡響，不禁拍案叫絕說：「你將來在繪畫上一定會成名。」吳昌碩聽了，覺得十分奇怪，以為這是和他開玩笑，然而任伯年卻嚴肅地說：「即使從你現在筆墨工夫看，已經勝過我了。」由於吳昌碩的好學，任伯年的謙虛好客，此後他們兩人既是師生，又是畫友，往來密切，成為至交，始終保持著誠摯的友誼——這一段話既出自吳昌碩兒子吳東邁之口述（吳東邁也是書畫家，曾任職上海文史館），必為可信。⑦吳昌碩從任伯年處接受許多教導，任曾對吳說：「子工書，不妨以篆寫花，草書作幹，變化貫通，不難其奧訣也。」⑧吳昌碩日後獨樹一幟，任氏之獎掖與啟示，功不可沒。

吳昌碩也和任伯年一樣，能博采眾長，多方吸收營養，取精去粕，造就了個人獨特的風格。當時上海諸名家，還有蒲作英、胡公壽、張子祥、吳秋農、陸廉夫、王一亭等。爾後吳昌碩逐漸上溯，究心於趙之謙、李復堂、金冬心、高且園諸家筆墨，特別對陳道復、徐渭、八大、石濤等精心研究，加上自己金石篆刻的修養入畫，終於出乎其類，拔乎其萃。

書、畫、篆刻，固然是吳氏三絕，文學修養和他的詩也甚得評者推崇。詩人陳石遺曾說：「缶廬造句力求奇崛，如其書畫篆刻，實如其人，如其貌，殆欲語羞雷同，學其鄉冬心、蘀石兩先生，而益以槎枒者。統觀全詩，生而不鈎棘，古而不灰土，奇而不怪魅，苦而不寒乞，直欲舉東洲、巢經、伏敔而各得其所長，異哉！書畫家詩向少深造者，缶廬出，前無古人矣。」我們在吳昌碩題畫文字上，都能見其詩文之妙。

吳昌碩晚年學生王个簃曾記述乃師之性情風貌，是了解吳氏難得的文字：「先生性喜詼諧，饒有風趣。愛好聽戲，自己也能唱崑曲，有時興發，就書案前拍起板眼來，唱著『天淡雲閒』的句調。八十歲後，他還時常一手提起了袍角，一手執著木矛，教小孩子舞蹈。逝世的那一年，曾自編唱曲，叫我去覓取檀板，擊節歌唱。這年夏天，隨先生到塘棲遊覽，一天晚飯後，閒步祇園寺前，一同走下了河灘，先生拾起瓦片，作削水之戲，並要我和他比賽，我很不擅長，他還教我手勢。就以上幾點瑣碎事蹟，可以看到先生晚年時期依然很好地保持一股朝氣，一直到臨終前三、四天，還作畫如常，神明不衰。」⑨吳昌碩八十四歲因突患中風在滬寓謝世，葬於浙江杭縣塘棲超山西麓，墓門石柱刻有沈淇泉所撰聯語：

其人為金石名家，沉酣到三代鼎彝，兩京碑碣；
此地傍玉潛故宅，環抱有幾重山色，十里梅花。

書畫同源

趙孟頫自題竹石圖云：「石如飛白木如籀，寫竹還于八法通；若也有人能會此，方知書畫本來同。」中國繪畫的「書畫同源論」，從中國文字濫觴期已見端倪。宋元以降，文人畫大興，這個書畫同源的藝術見解，更得到極透徹的實踐。傳統畫師授徒，常先課以書法；不通書法，便不得進入繪畫堂奧。從蘇軾、趙孟頫、徐渭、八大、石濤、揚州八怪到趙之謙，七、八百年來，書畫同源的傳統已發揮得淋漓盡致。吳昌碩繼承了這個傳統，並把趙之謙摻以篆刻的金石味向前推進了一大步，成為金石畫派達到巔峰的畫家。吳昌碩的非凡成就，在於他將三千年來的金石書法與繪畫熔於一爐，鑄造了金聲玉振的獨特風格。就這一角度來說，他是傳統文人畫筆墨的集大成者，在他之前，歷史上從未有任何人曾經達到他這一高度。

「書畫同源論」有沒有道理？它對中國繪畫發展功過如何？我們應如何評價？在中國繪畫今後的發展中我們應持什麼態度？這種種問題，應該一一研究，各有判斷，不能只見一面，不及其餘。中國繪畫最突出的特色在線的運用，決定了它的繪畫語言就必然是符號式的表現，故其特質與書法相通。西方繪畫的符號論，到底從東方繪畫得到多少借鑑，吸收了多少營養，雖然不易論斷；但是西方的符號式繪畫語言，要到印象派以後才發展出來，殆無疑義。印象派諸大師受到東方的影響，是透過了「第二手」的資料——日本的浮世繪。十九世紀下半，日本與歐洲通商，日本手工藝品和浮世繪木刻版畫受到印象主義畫家的矚目；單線平塗的東方表現方式打開了法國畫家們另一雙觀察萬物的眼睛。其實，日本的古典文化幾乎都移植自中國，這種線型的表現風格，還是中國繪畫傳統的精華⑩。視覺最精鍊的符號必然是線型的形式，所以中國繪畫形式帶有概念的性格。西方的繪畫在感覺的完整性上比較強烈，較缺少概念的性格，所以西方沒有「書畫同源」的傳統。象徵主義、表現主義、抽象主義所凸顯出來符號式的視覺語言，在西方是創新，在中國卻是老傳統。

書畫同源促進了中國繪畫在線條運用上多元趣味的探求；書法抽象的形式美感豐富了繪畫線條的功能——線條在繪畫中，一方面負擔了物象描繪的功能，一方面也展現了它獨立的形式美感；書畫同源也造成了萬物的情態與藝術技巧，在畫家心象中得到自由的溝通。比如中國書法中「懸針垂露，奔雷墜石」、「鴻飛獸駭，鸞舞蛇驚」、「重若崩雲，輕如蟬翼」⑪、「怒猊抉石，渴驥奔泉」⑫等名論，顯示了中國藝術家意識到萬物的情狀、藝術家的感受以及藝術創造的技巧，都可彼此相感應或互相溝通。正如韓愈在〈送高閑上人序〉中所說：「天地萬物之變，可喜可愕，一寓於書。」之意。由生機活潑的自然中獲得了感受，領悟了用筆的技巧，取得了書法線條的美學根源；這些線條，在繪畫中又用來表現某些具有共同精神特質的事物。這種自由的溝通與連綿的聯想，使中國書法與繪畫互相孳乳，相輔相成。這個偉大的傳統是西方藝術所不能想像的。中國線條的豐富和奧窔，在世界上是唯我獨尊。

如果說書畫同源的傳統也有某些負面的影響，我看只有下列幾方面：第一，抹殺了與書畫同源無關的其他繪畫形式與技巧（比如重彩畫、匠工畫等非文人畫）；第二，使精於筆墨的文人畫幾乎獨霸畫壇，壓抑了其他繪畫的發展與創生；第三，使傳統中國繪畫技法過分受制於書法技巧，反而成為圭臬與韁鎖。不過，造成第一、第二個弊端的原因，主要是歷史上的因素，在昔日只有傳統文人才有管領風騷的資格，當然限制了藝術多元化的發展。至於第三點，卻應怪罪傳統畫家輾轉因襲。書畫同源雖然不應成為繪畫發展唯一的理論依據，後世也不必非崇奉、謹守這個法則不可，但是書畫同源本身並不負這些弊端的責任。相反地，它在中國繪畫史上光輝燦爛的表現，永遠是民族藝術足以自豪的傳統精華，也是後來者再創造的源泉。

在這個長流的末端，總結前人，集其大成，睥睨千古者，就是吳昌碩。如果不能認識這個傳統，也就不能了解吳昌碩繪畫藝術的根源，必也不能體認他在畫藝上的貢獻與價值。

金石畫派巔峰畫家

清代以前，沒有「金石味」、「金石氣」的概念。「金石味」也應該是中國繪畫美學獨特的一章，大概從趙之謙、吳昌碩以後，才有後人所謂「金石畫派」的說法。什麼是金石味呢？

王國維曰：「書契之用，自刻畫始。」刻畫之材料，有竹木、甲骨、金石三者。竹木易朽，甲骨只用於占卜，惟金石最重要、最耐久，故研究古代之文字、歷史、文學、器物、美術乃至生活、風俗等，金石為極可靠之證物。研究此學，是為「金石學」。[13]《拾遺記》以黃帝時為「銘金」之始；《管子》有「刻石記歷」，《墨子》有「鏤於金石」；秦「琅邪臺刻石」有「刻於金石，以為表經」等語。金石學濫觴於漢，歷代皆有承續，宋朝最盛，元明兩朝器物發見者少，難以為繼。清代金石器物出土極多，遁於樸學之士，乃群起研究，著述之富，為前古所未有。

而「金石味」雖來自「金石」，卻非理性的「學」，而是感性的「味」，屬於康德所謂「趣味判斷」(judgment of taste)。

金石味是中國視覺美術獨特的美感發現。許多人知道以篆隸筆法寫真、行、草書（如鄧石如、伊秉綬），以六朝碑誌入書入畫（如趙之謙），以篆隸、碑碣、石刻入畫（如吳讓之），以及「以石鼓文與篆刻的筆法入畫，並參以漢武梁祠石刻、南北朝造象等，因此筆法無往不留，無垂不縮，呈現著濃厚的金石氣味。」⑭但未見對金石味的特質有深入的探討。一九七八年我寫〈拙美淺釋〉⑮，其中有這樣一段：

「拙」是對人生宇宙極幽邃的誘闢力與藝術技巧極深沉的修養的結晶。「拙」或許就是歷史的富厚所孕育的。中國藝術沒有像西方那樣多時期多種主義派別的競鬥興替的變動，所以能在久遠的靜定中使藝術有從容修煉的機會，而有極豐沛的蘊蓄。中國的書法、繪畫，歷史的悠久，自成為心智靈思千百代的匯集；鐘鼎彝器、碑碣瓦甓等古文物的斑駁陸離，實在是歷史之美、時間之美的大發現；啟迪了中國藝術心靈對樸茂、殘闕、遒勁、渾厚、古拙、沉雄、蒼老等美的趣味之勃興與嗜癖，使「拙」的美在中國藝術美中佔據了一個獨特的地位。中國書畫中所謂「金石味」，講的就是古拙之趣。清末篆刻名家黃牧甫的學生說趙之謙與黃牧甫的不同是「悲庵之學在貞石，黟山之學在吉金⑯；悲庵之功在秦漢以下，黟山之功在三代以上。」其實所謂金石的趣味，就是老與拙。明清美術在元趙子昂的復古趨勢之外，美學上的一大收穫應該說是對「拙」美的發展與再創造。三代秦漢之美經過三、四千年歷史時間的淘洗琢磨所發現的古拙趣味，成為中國近代美術品鑑、追模的風尚；若無中國歷史悠久而穩定持續的特性，恐怕是不可思議。

最近發現吾師王壯為先生在民國四十八年於《大華晚報》曾有〈金石氣說〉一文，言簡意賅，道出了「金石氣」的發生及其精神特質。他說：「今日所可見最古之墨跡，為甲骨上硃墨原書未刻者，為長沙出土之帛書，為長沙出土之戰國楚簡，為西北發現之兩漢竹木簡，凡此諸跡，論時代且古於若干金石刻辭；論筆意筆勢，雖皆古而不今，然與習見秦漢六朝金石拓本中之氣息，又復大異其趣。其中較多圓渾，較少方峻；較多自然，較少造作。因念古賢自已古矣，當其援筆為書時，自然有古氣流露，然未必蓄意以為金石氣，有類懸鵠而擬之者也。是則所謂金石氣者，實出自吉金樂石，出自鐘鼎盤盂，出自碑碣摩崖，出自紙墨槌榻。易言之：非直接出於書者之手，實間接出於器物者也。……今日之趣，實千年磨蝕致之也。人始為之，天復泐之，人又從而學之，天人之際，出入其實難分矣。」

「人始為之，天復泐之」正道出金石氣之來源：「天人之際，其實難分」正道出金石氣之精神特質，乃是人為與天工難解難分。此與我所謂「實在是歷史之美，時間之美的大發見」未嘗不有相通相應之處。但是他又認為「因此知金石氣者，亦即失真之謂也。曩與羅志希先生論書，為述此意，公笑曰：可謂強為之辭矣。羅公蓋未深解之耳。」我不知羅公是不同意金石氣乃「失真」之結果所產生？或不同意因來自「失真」故以金石氣不如墨跡值得學習？但我因此而悟出壯為先生之書法因何帖韻多碑味少，追求的是「剝去其刀鍥槌榻之外痕，而得其遺墨運毫之真致。」⑰壯為先生似乎暗示金石氣只是「失真」，畢竟不是書法正道。他的書法光圓雅淨，與金石味失之交臂。而金石美感，在刀鍥、天泐與乎槌榻之下發現金石趣味，再加以融會創發，而有書畫金石派之新路，乃可謂清代諸大書畫家石破天驚之新創發也。

近代揚碑抑帖，許多大書家在趙孟頫、董其昌那條羊腸古道之外，另外「託古改制」，從吉金樂石中尋求靈感，「發現」金石趣味，而別開近代書道的生面。這裡面有鄭簠、金冬心、鄧石如、伊秉綬、趙之謙、何紹基、陳曼生、吳讓之、康有為、吳昌碩等大家，不但足可媲美古人，而且有強烈的個人風格（中國書法歷史悠久，「正統」觀念不免積累過久過深，許多書法史書常將上述鄭、陳、康排除在外，實是成見與偏見）。吳昌碩在金石書法之外，他與任頤同執海上畫派牛耳；而吳昌碩更為繪畫金石派登峰造極，開宗立派的大師，金石美學的開拓者。

師承與評價

吳昌碩也是有清一代最有資格的最後一位文人畫家。歷史上大名鼎鼎的文人畫家如蘇軾、倪瓚、徐渭、八大、石濤等人，未有能得詩、書、畫、篆刻四絕藝集於一身，而且皆達到爐火純青，睥睨前人如吳昌碩者。如果說民國建立之後，結束了數千年封建王朝，歷史應展現一新紀元，則吳昌碩便是中國文人畫史最後一人（吳昌碩之後的文人畫家，不無摭拾舊時殘羹冷飯，因襲附會之弊，不免喪失時代精神。其中溥心畬為前清王孫，固可當文人畫最後一人，但論藝術創造與造詣，於畫史上難有中上地位，與吳昌碩更不能相提並論也）。就篆刻而言，吳昌碩吸收歷史的精華，由浙派、皖派直追秦漢鉥印封泥瓦甓，加上他曠古的石鼓文成就，他的篆刻是秦漢以來，中國篆刻史上最高成就唯一的一人。

潘天壽評吳昌碩畫，說他以篆入畫，用「蒼茫古厚，不可一世」八個字，確為知言。吳昌碩能成為左右一代的大宗師，不止在於筆墨磨練數十年如一日，而且在藝術原理，繪畫思想上也有深刻的研究與體悟。從他的詩文可見他精深卓絕的見解。題畫梅有「畫之所貴貴存我，若風過簫魚脫筌。」題葡萄說「畫當出己意，摹仿墮塵垢，即使能似之，已落古人後。」表示他戛戛獨造的主張。他曾送篆書集聯給潘天壽，聯曰「天驚地怪見落筆，巷語街談總入詩」，表現他不平凡的抱負與藝術來自人間生活的主張。「畫與篆法可合併，深思力索一意唯孤行」與「蝌蚪老苔隸枝幹」、「謂是篆籀非丹青」都是他獨闢蹊徑的警句。他又說「苦鐵畫氣不畫形」、「夢痕詩人養浩氣」；在「得苔紙醉後畫梅」中說「三年學畫梅，頗具吃墨量。醉來氣益壯，吐向苔紙上。浪貽觀者笑，酒與花同釀。法與草聖傳，氣奪天池放。」主張畫應是畫家生命力與真性情的表露。酣暢飽滿，元氣淋漓，真宰上訴，氣勢磅礴，正是吳昌碩畫的特色。

辛酸悲苦的身世，高深的學養，不平凡的抱負與毅力，天賦的創造性與超絕的品味力，加上勤奮與長壽，吳昌碩可謂熔數千年碑碣金石鑄成「苦鐵」；納古集今，由歷史文化精華所陶鍊而成的大藝術家。中國文人畫在他手裡完成了最後的總結，而又開啟了近代中國畫金石畫派的新路，沒有吳昌碩，就不會有齊白石、潘天壽、陳師曾、王个簃、朱屺瞻、劉海粟等畫家的種種成就，其影響力之巨，近代也無與匹者。

晚清有任伯年與吳昌碩這兩大畫家，加上他們之前的「四僧」、「揚州八怪」以及趙之謙，合起來看，清朝畫壇的成就，乃至於書法金石方面的成就，在中國美術史上來說，是各領風騷，不讓前古。非常遺憾，我所敬景的梁啟超在《清代學術概論》中說：「前清一代學風，與歐洲文藝復興時代相類甚多。其最相異之處，則美術文學不發達也。清之美術（畫），雖不能謂甚劣於前代，然絕未嘗向新方面有所發展。……清代學術，在中國學術史上，價值極大。清代文藝美術，在中國文藝史美術史上，價值極微，此吾所敢昌言也。」⑱博學深思如任公，也不免對美術缺乏見識，故武斷若此之甚。中國學者對藝術之隔膜，品味力常有偏失。任公如此，餘人更無論矣。

吳昌碩四十五歲（一八八九年），接到日本人河井荃廬（時年二十八）來信求教篆刻，得到吳昌碩熱情洋溢的回信。一九〇〇年冬，河井與文求堂主人田中慶太郎遠涉重洋到上海求見吳昌碩（兩年後文求堂出版《昌碩印存》，是流行日本第一本吳集）。以後又有日本人相繼與吳昌碩成了師友知交⑲。中國的吳昌碩，至今仍為日本人所推崇景慕，在本國要到近年吳畫世界市價大漲，方為至寶，思之令人扼腕。中國美術史書，對吳昌碩大都未能給他應有的崇高地位，更無傳記、年譜與作品編年史的著作，研究批評既不深入，也極單薄，且多人云亦云。對於吳昌碩的研究，還有待學者努力。

註釋

①劉大杰，《中國文學發展史》。

②沙孟海，〈近三百年的書學〉，原《東方雜誌》第二十七卷第二號，收入《中國書畫論集》。

③梁啟超，《清代學術概論》。

④吳東邁，〈吳昌碩的書法〉，《藝林叢錄》第八編。

⑤王个簃，〈吳昌碩先生傳略〉，《藝林叢錄》第一編。

⑥吳昌碩捐知縣事，見王乙之〈吳昌碩與酸寒尉〉，《藝林叢錄》第二編，頁三三三引述吳昌碩致吳彥復借錢捐官之信札，吳昌碩原先寄望仕途，不容置疑。

⑦龔產興編著，《任伯年研究》。

⑧鄭逸梅，《小陽秋》。

⑨同註⑤。

⑩有關浮世繪對印象派畫家的影響，可參見〈從紐約的日本藝展說起〉一文，收入拙著《城外郵稿》。

⑪孫過庭，《書譜》。

⑫唐書家徐浩，書法至精，後人有「怒猊抉石，渴驥奔泉」狀之。見《新唐書・列傳第八十五》。

⑬參看朱劍心，《金石學》第一編。
⑭同註⑤。
⑮何懷碩，〈拙美淺釋〉，《藝術．文學．人生》。
⑯朱劍心在《金石學》中解釋「吉金樂石」曰：「周代彝器之銘，多曰『吉金』；吉，堅結之意也。……秦繹山刻石曰：『刻此樂石』。樂，言其質之美也。故漢碑也稱『嘉石』，六朝墓誌或曰『貞石』，其義一也。」
⑰以上所引王壯為先生之文字，均見〈金石氣說〉一文，收入王氏《書法叢談》。
⑱同註③。
⑲張振維，〈吳昌碩的畫品與人品〉，《吳昌碩作品集》。

吳昌碩

代表作選

草堂歸思圖
1889年

蒼石圖
1896年

蔬果圖
1899年

菜根香了味不薄似
与花一畦灌溉[illegible]都
[illegible]壽木花

白石

西[illegible]軒藏 玉几畫小品 [illegible]可[illegible]之

天竹
1905年

錯落珊瑚珠
吳俊卿

重九賞菊圖
1907年

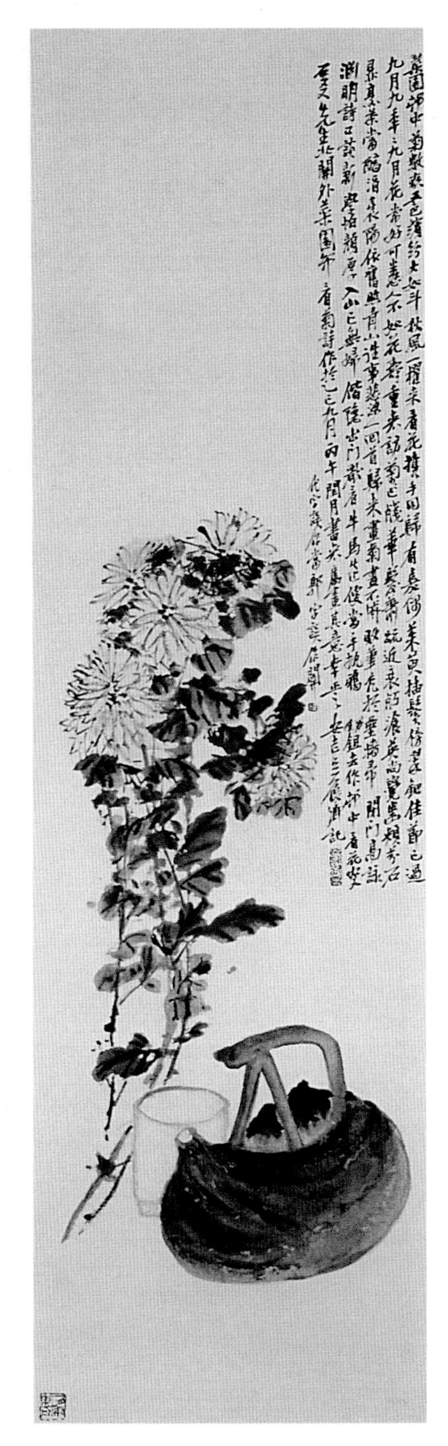

挑燈讀書圖
1909年

碩桃圖
1916年

赤城霞圖
1917年

仁兄雅屬
丙辰九月
七十三叟吳昌碩老缶

松石圖
1919年

己未小春作
安吉吳昌碩年七十六

通景藤蘿
1920年

瑤池仙果圖
1921年

辛酉七月二十六日畫祝
范母王太夫人七十大壽
安吉吳昌碩年七十又八

明珠滴香圖
1921年

辛酉冬吳昌碩年七十八

墨竹圖
1922年

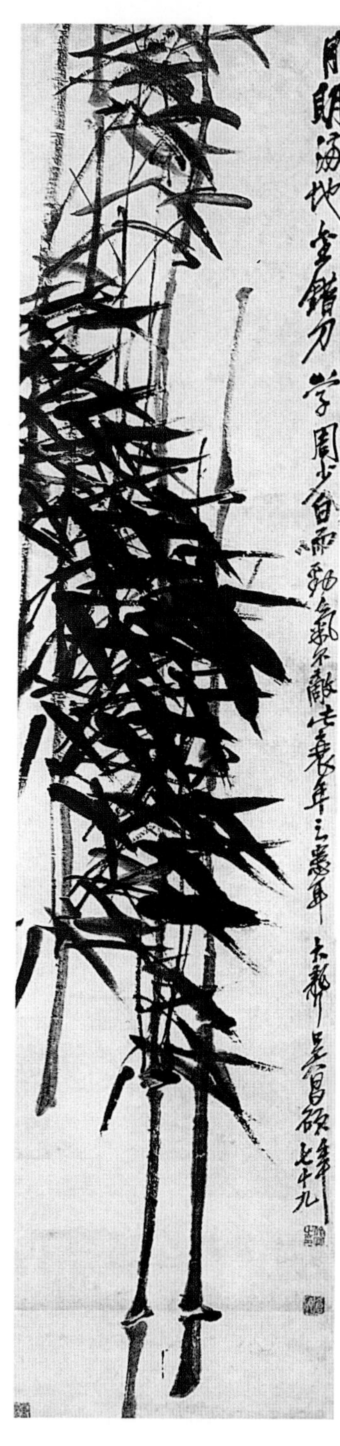

臨石鼓文
1926年

避車既工避馬
既同避車既好
避馬既𩣡

臨石鼓字
丙寅夏
吳昌碩年八十三

齊白石

尋常巷陌起高華

頑強的生命力

當吳昌碩熔數千年金石文字，納徐渭、八大、石濤、揚州八怪、趙撝叔於一爐，鑄造了高古奥突的金石畫風之後，再往這條路走的人，若無獨特秉賦，不是力有未逮，只到半途，便是泥足深陷，僅是依轍而行，難有創發。諸樂三、王个簃、來楚生諸前輩畫家，便是富於啟發性的例子，足資殷鑑。但是，正如任頤從渭長、阜長昆仲，從傳統人物畫家那裡出發，以其獨特的天賦與深入民間生活的熾熱的真感情，乃創造了他出乎其類、拔乎其萃的藝術成就。齊白石差不多完全沿著吳昌碩走過的道路，迤邐而來，本來很可能只是缶翁旄下的士卒。但是，他的天才顯現在他懂得發揮他自己獨特的本質。他有吳昌碩所沒有的，農村工匠出身的村俗和土氣，有更生猛活潑的平民生活的生命力，於是，齊白石將宋元以降的士大夫文人畫的方向扭轉過來，造成一個雅俗共賞的局面。

齊白石史無前例地建藝術的象牙塔於十六街頭，也可說是在尋常巷陌間架起高華的藝術舞臺。他將文人畫的高簡與平民百姓充沛的精力結合在一起，在吳昌碩的道路之外，另闢蹊徑。齊白石的成就誠不可思議。他是頑強的生命力與曠世天才在藝術上綻放的奇葩！在畫史上，能贏得上自專家學者，下至販夫走卒，同聲讚頌，能在中外世人中受到廣泛仰慕的中國畫家，似乎非齊白石莫屬。

如果說，明清以來如八大、石濤、金冬心、吳昌碩等大家，將中華民族數千年來以毛筆書寫作畫的經驗與技巧提煉為傳統筆墨登峯造極的成就，令人仰之彌高，那麼，齊白石是將這偉大傳統由高寒的雲端拉回人間，使人即之益溫。齊白石可說是最通俗的藝術大師，也是最高貴的大眾畫家。將典雅精奧與俚俗平凡統一在藝術中，就是齊白石創造的奇蹟。

強烈的歷史感

齊白石本名純芝，號渭清、蘭亭，又名瑞林，字瀕生、濱生，小名阿芝。後取名璜，號白石山人、白石、白石翁、老白、又號寄萍、老萍、借山翁、杏子塢老民、齊大、木居士、木人、三百石印富翁、星塘老屋後人……，名號之多，媲美古人。一八六三年①生於湖南省湘潭縣杏子塢星斗塘。一九五七年九月十六日，在北平「北京醫院」逝世，享年九十五歲②。

歷代畫家享高壽者不在少數，但到了九五高齡仍能揮毫無礙者則難能可貴。齊白石生命力之旺盛，只有畢卡索可與比匹。中國畫家之有完善之自傳，而且又有詳盡生動口述自傳，也以齊白石為第一人。據張次溪在《白石老人自述》前言稱，是因為齊白石看到別人寫的傳記文章，希望有人為他做一篇傳記。因此，張次溪在其口述做了筆錄，本來是打算寄給在蘇州的親戚，傳記作家金松岑作為傳記材料的。哪知才進行了一半，蘆溝橋事變突起，遂告中斷。勝利後張次溪回到北平，齊白石希望能繼續口述筆錄，此時金氏已作古，希望由他撰寫齊白石傳的願望遂告落空。齊白石覺得半途而廢甚為可惜，乃斷斷續續口述到一九四八年，因老人體衰，張氏也生了病，故暫告一段落。豈料張氏病癒不久，老人就已逝世。我們今天能讀到「保留老人的口氣，一字一句，我都不敢加以藻飾」的《白石老人自述》，多虧齊白石有為自己作傳的睿智，才給我們留下了第一手的資料。此外，齊白石的書畫作品，多有紀年，甚至常有作畫時歲數與地點的記錄。畫家中天生而有這樣強的歷史感者，白石允推第一。

根據自傳，我們知道齊白石出身窮苦人家，「上輩沒有做過官，也沒有發過財，勤勤懇懇的混上一輩子，把肚子對付飽了，就算挺不錯的。」祖父和父親，除了種田，還要找零工做活。沒零工則上山打柴，賣幾個錢貼補家用。祖父個性剛直倔強，祖母溫順耐勞；父親懦弱無能，母親卻剛強能幹。一家的生活在辛苦掙扎中度過。一個舊時代農家孩子所能經歷的各種酸楚，所見所聞所接觸的各種景物與人物，齊白石都結結實實地體驗過，而且畢生難忘。到了八、九十歲，他仍能在口述中歷歷如數家珍，這些「家珍」後來常常就成為他創作的材料。苦難時代生活的熔爐鍛鍊了天才，使他一生在藝術創作上獲得了取之無盡、用之不竭的原料。

兩三歲時白石多病，多虧祖母與母親悉心照料，四歲上漸漸病除。略識幾個字的祖父在爐灰上用鐵鉗子教他寫個「芝」字。直到七歲，祖父認得的字已全部教完，母親將她由乾稻草上椎下的穀粒所換來的一點錢買了紙筆書本，送他到外祖父的蒙館去讀書，這一年是八歲，讀《三字經》、《百家姓》、《千家詩》，他一點不費力，因為有祖父先前為他啟蒙。他說「後來我到了二十多歲時候，讀《唐詩三百首》，一讀就熟，自己學做幾句詩，也一學就會，都是小時候讀《千家詩》打好的根基。」這時候白石已迷上畫畫，外祖父發覺他用描紅紙畫畫，呵斥他浪費紙張，他只得找包東西的紙來畫。

九歲到十一歲在家幫忙挑水、種菜、掃地、打雜或上山砍柴。十二歲家裡給他娶了「童養媳」，祖父去世，家裏生活更窘迫。十四歲由父親教他耕田，但因身體弱，力氣小，做不了重活，改學木匠手藝。到十九歲期滿出師。祖母和母親，揀個吉日，白石就與童養媳「圓房」正式成了夫妻。出師後，人稱「芝木匠」，專做雕花細活。由於白石能變花樣，又參考繡像小說人物圖樣，大膽創造，所以很得人誇獎。二十歲見到乾隆年間翻刻的《芥子園畫譜》，如獲至寶。利用晚上收工在家，以松油柴火為燈，在薄竹紙上勾摹學習。從此，他的雕花木活有了長足的進步，也種下了他學習傳統繪畫的根苗。直到二十七歲之前，一邊做木匠，一邊畫畫。白石鋪一帶，都知道有一個雕花與畫畫一樣有名的芝木匠。

藝術之路多遇貴人

二十六歲，白石得到機會，拜「湘潭第一名手」人像畫家蕭傳鑫（號薌陔）為師學畫人像，旁及山水人物，又得蕭的朋友文少可的指點。二十七歲以後專畫人像，「就扔掉了斧鋸鑽鑿一類傢伙，改了行，專做畫匠了。」

白石二十七歲這一年，鴻運當頭。當地名士胡自倬（號沁園，又號漢槎）及陳作塤（號少蕃）因覺白石「很可造就」，免費收為學生。白石恐家窮，不能深造，胡沁園說：「你是讀過《三字經》的！蘇老泉，二十七，始發憤，讀書籍。你今年二十七歲，何不學學蘇老泉呢？」自此時起，齊白石正式由一個粗樸的農家子弟，開始邁向中國文人畫家詩、書、畫、篆刻的道路。後來，更廣結湘潭名士，三十七歲，竟為大名鼎鼎的王闓運（字壬秋，號湘綺）收為弟子。從此不但學藝大進，而且廁身名流，擺脫了貧困。

一九〇二到一九一六，白石有「五出五歸」，遨遊名山大川，結識各地人物，觀摹了更多古今名作。五十七歲後正式定居北平，直到齊白石九十五歲逝世，小半輩子「作客京華」（中間偶曾回湘，並有四川之行）。這三十多年間，得到陳師曾的賞識、鼓勵、幫助和影響，又認識了徐悲鴻、賀天健、梅蘭芳、林風眠等人，尤其是林風眠與徐悲鴻的推崇，「文人相重」，齊白石的成就更得到有力的肯定。六十五歲北平藝專請他去教畫（當時林是校長，才二十七歲！）。正如白石自述：「鄉巴老到洋學堂去當教習。」這期間也包含了八年抗日戰爭艱苦的歲月，自稱「避世時期」。對於奸商與敵偽，深惡痛絕，常在門上貼紙條：「白石老人心病復作，停止見客。」「畫不賣與官家，竊恐不詳。」「中外官長，要買白石之畫者，用代表人可矣，不必親駕到門。從來官不入民家，官入民家，主人不利。謹此告知，恕不接見。」「與外人翻譯者，恕不酬謝。求諸君莫介紹，吾亦苦難報答也。」藝術家能獨立不倚，不趨附權貴，不諂媚，不熱中，在亂世之中，畢竟鳳毛麟角。白石老人真正是高風亮節，其藝術之清純超邁，良有以也。

大陸赤化之時，白石老人已屆八六高齡。中共視藝術家為政治工具，對老人相當優待。我們當然無法得知老人內心深處真正感受如何，但從一九五一年老人一本冊頁中所畫一隻瘦骨嶙峋的螳螂，望著幾根枯硬的稻莖，上面點綴著稀稀落落的幾粒稻穀，並自題「餓叟寫生」四字看來，其對世人後代的暗示，已可思過半矣③。

創造平民百姓的「文人畫」風格

在近代畫家之中，有關齊白石的評介與研究文字，可以說是層出不窮。我的學長，中國美術史名家傅申兄有討論八大對齊白石影響的大文，雖尚只見到一小部分，而專家之論，精闢深入，必可預期。圍繞著齊白石這樣一位由許多複雜因素融合成功的傳奇性大家，實在可以有數不清的論文題目可以探討。其中有一問題，就是齊白石由八大、八怪、趙之謙、吳昌碩而來，繼承在野文人畫的傳統，而且其風格面目，尤其與八大、金農、老缶如此相近，為什麼仍享有最高的評價？我的答案是齊白石的創造性，表現在將傳統文人畫的美感情趣轉向移位，開闢了一個平民化、世俗化的繪畫天地，注入了生機活潑的世俗人情。簡言之，他獨立將傳統士大夫的文人畫扭轉成為世俗平民的「風俗畫」④。其強烈的人間性（近代畫家中，前者只有任伯年，後者有蔣兆和）使傳統繪畫的僵化規範得以突破，而注入藝術家赤裸裸的真情實感；尤其將士大夫文人畫的高古玄奧轉化為平民化的雅健清真。如果還是以「文人畫」來界定齊白石的畫風，那麼，士大夫的文人畫是讀書人的「文人畫」，齊白石則是大眾的「文人畫」。有人冠他「人民畫家」的頭銜，如果不加扭曲，齊白石確是當之無愧。不過，這「人民」是指「現代化」之前中國社會中的芸芸眾生。隨著中國社會的變遷，中國人民的生活型態與實質已有劇烈的變動，齊白石是他所處的時代，農業中國的大眾畫家。

齊白石承繼了文人畫傳統的精華。「何謂文人畫？即畫中帶有文人之性質，含有文人之趣味。」而以「思想、學問、才情、人品」為特質。這是陳衡恪（師曾）對文人畫的看法⑤。「文人畫」原來也被稱為「士大夫寫意畫」。具體而言，包括了幾個特色：寫意的技巧、以水墨為主或淡設色、書畫同源（在用筆方面常以書法用筆為依據）、詩（文）、書法與畫合一，加上篆刻，成為「三絕」或「四絕」的綜合體。

不論就文人畫的精神內涵或形式技法，齊白石差不多都繼承了這個傳統。從他拜文人為師，在詩文、書法、篆刻上努力學習；從他在繪畫上宗法青藤、八大、缶廬這些方面來說，齊白石是以一個貧窮的農工子弟向士大夫階層靠攏，而獲得成功的奇蹟；從他成為文人畫家之後，仍不掩飾他原來的農民身分，不忘懷農家生活，時時以民間社會生活為藝術創作的源泉來說，齊白石是一個變體的文人畫家。換言之，齊白石以他向上追求所取得的「思想」與「學問」（包括書畫篆刻的技巧），回過頭來表現一個農村子弟的「才情」與「人品」。如果齊白石僅僅是八大、吳昌碩以後的另一個知識階層的「文人畫家」，他便很難有什麼獨特之處，更很難有他不可抹殺的歷史地位。譬如同時代而稍後的潘天壽，論修養與技巧，也已達到第一流的水準，但是他沒有齊白石不可取代的獨特性，所以不可能有與齊白石相同的評價。

齊白石在文人畫最後的大師吳昌碩之後，原來處於文人畫偃旗息鼓、蟬曳殘聲的時代，處於西風逐漸進入中國畫壇，許多先知先覺（如徐悲鴻、林風眠）躍躍欲試，正要掀起中國繪畫傳統一個最激烈的藝術變革的時代，而能創造日落西山的文人畫另一個高潮，在繪畫史上佔有一席之地，就因為他改變了士大夫文人畫的氣質，創造了平民百姓的「文人畫」風格。論學問與技法，絕非前人或他人絕未達到或不可企及，齊白石的不可及處，乃在他的赤誠：以一個農夫的質樸之心運文人之筆，卻能創造出前所未有的境界。他的赤誠，就表現於當他由貧困、由不學無文自我提昇為文人畫家之後，他並沒有疏離他原來的鄉土感情，沒有變成一個典型的舊時代的文人，沒有背叛他所來自的社會階層，沒有忘本。正如孔子自白「余少也賤，故多能鄙事。」齊白石自序作品選集有云「予少貧，為牧童及木工。一飽無時，而酷好文藝。」⑥又於〈祭陳夫人文〉云：「吾於賢妻相處六十八年，雖有恆河沙數之言，難盡吾貧賤夫妻之事。」⑦齊白石的才情與人品，不是飄然遠引，高古絕俗的文人風範，卻是中國社會匹夫匹婦的最真摰、最平凡的典型。豐富的生活體驗，血濃於水的人間眷戀，不恥貧賤，不攀榮附勢，不欺世盜名，頑強獨立的偉大人格，都表現在他最具特色的作品中。

擴大創作素材

齊白石一生最多的作品是花卉、翎毛、蔬果、草蟲。在傳統中國花鳥畫中，除了表現生機活潑、賞心悅目的生態，或者吉祥如意、多福多壽多祿等人生普遍的願望之外，最多表現了對道德情操的頌讚，例如四君子之類。此外，齊白石承繼八大山人的精神，把對現實社會的關懷、批判與憤懣，透過諷刺的手法表現出來。而且，齊白石大大擴大了「花鳥畫」的題材，許多過去文人畫家不屑看、不敢想、不屑畫的凡庸的物象，齊白石真正做到「點鐵成金」，並透過詩文題識，賦予深刻、強烈、鮮活的思想感情。在這方面，他把八大的心法向前推進了一大步。徐悲鴻讚美他「致廣大，盡精微」。在借物言志，寄寓深曲，褒貶分明上，齊白石確睥睨古人。

柴耙、農具、算盤這些東西，原來都不登大雅，但齊白石使之入畫，並注入了親切的感情，賦予深刻強烈的思想。在「柴耙」一畫中，他題上詩文。詩曰：

似爪不似龍與鷹，搜枯爬爛七錢輕（余小時買柴爬於東鄰，七齒者需錢七文）。入山不取絲毫碧，過草如梳鬢髮青。遍地松針衡嶽路，半林楓葉麓山亭。兒童相聚常嬉戲，並欲爭騎竹馬行。

文曰：

余欲大翻陳案，將少小時取用過之物器一一畫之。權時（碩按：暫時也）畫此柴耙第二幅。白石並記。

這幅畫完全是篆書筆法，雄健蒼勁，簡潔率真而富於生活真切的體味。

在「發財圖」一畫中，畫的只是一具老式算盤。題曰：

丁卯五月之初，有客至，自言求余畫發財圖。余曰：發財門路太多，如何是好？

曰：煩君姑妄言者。余曰：欲畫趙元帥否？曰；非也。余又曰：欲畫印璽衣冠之類耶？曰：非也。余又曰：刀鎗繩索之類耶？曰：非也；算盤何如？余曰：善哉！欲人錢財而不施危險，乃仁具耳。余即一揮而就，並記之。時客去後，余再畫此幅藏之篋底。三百石印富翁又題原記。

這幅畫所記的「丁卯」是一九二七年，白石六十五歲。齊白石之不可及處，從此畫中可以深深領略。這幅畫的好，與其說是畫好，不如說是文學的好，思想的好；總的說，就是構思的高妙。這一段題記，已經是一篇上乘的文章：幽深曲折，話中有話，把白石老人對世情的抨擊，對人間的諷刺，痛快淋漓地表達出來。發財門路甚多，算盤雖然亦可以為奸商欺詐顧客之工具，但不若官吏（印璽衣冠）與強盜（刀鎗繩索）之敲詐勒索，故算是「仁具」。白石老人的幽默感與旁敲側擊，而深中要害的諷刺手法，在他其他許多畫作中也時時可見，如他的「不倒翁」一畫。因為王方宇先生的辛勤收集，現在我們可以看到「不倒翁」起碼有五幅，雖然各各大同小異，但題畫詩就有三種：

「能供兒戲此翁乖，打倒休扶快起來。頭上齊眉紗帽黑，雖無肝膽有官階。」

「烏紗白扇儼然官，不倒原來泥半團；將汝忽然來打破，通身何處有心肝？」

「秋扇搖搖兩面白，官袍楚楚通身黑。笑君不肯打倒來，自信胸中無點墨。」⑧

「不倒翁」詩畫皆絕。就詩而言，齊白石的詩總帶有一點打油詩的泥土氣，但這不但不成為缺點，其真摯熱烈、痛快淋漓與率直鮮明，反成其為優點。連當時的著名詩人樊樊山（增祥）對白石詩也刮目相看，曾為其〈借山吟館詩草〉序，曰：「瀕生書畫皆力追冬心。今讀生詩，遠在花之寺僧之上，真壽門嫡派也。」⑨

強烈的愛憎，尤其表現在對權貴的輕蔑，對官吏的揶揄上。齊白石曾刻「江南布衣」一印。他由農家子弟而精通文墨，卻沒有傳統文人虛矯腐酸的習氣，而有傳統士人不屈不移的傲骨。從他的自傳，我們可以看到他不論對官邪兵禍，或侵華日寇，都深惡痛絕。他自己則不但恥於攀附權責，也無心為官。當他四十一歲，樊樊山要在慈禧太后面前推薦他，「也許能夠弄個六七品的官銜」，夏午詒也想給他捐個縣丞，但都為白石所婉拒。

一個有才華的藝術家，不論一生如何蹇連困頓，總有某些否極泰來的鴻運，所謂「天道好還」。但是，如果沒有玉石般堅貞的志節，沒有對藝術最誠摯的酷愛，某些「鴻運」實在就是藝術生命生死存亡的考驗，通不過這些考驗，便從此墮落泥塗。齊白石以近一個世紀的漫長歲月，孜孜不倦在藝術上的追求，正如周敦頤所言：出汙泥而不染。一個藝術家的成功首先是人格上的崇高，良有以也。

取得偉大成就的五大因素

齊白石是極富傳奇色彩的畫家。他一生辛勤的藝術學習與創造所取得的偉大成就，是由眾多因素集合而成的。除了天分以及百折不撓、堅忍不拔的毅力和高潔的人格之外，**第一個因素是齊白石善於從豐富的傳統與師友中汲取營養**。白石老人曾說：「我六十年來的成就，無論在刻、畫、詩文多方面說來，不都是從古書中得來的，有的是從現在朋友和學生中得來的。我像是吃了千千萬萬人的桑葉，才會吐出絲來；又似採了百花的蜜汁，才釀造出甜蜜。我雖然是辛苦了一生，這一點成績，正是很多很多古往今來的師友們給我的。」⑩

齊白石的篆刻初由雕花手藝自學起家，後從丁龍泓、黃小松印譜學刀法。四十三歲，得趙之謙的《二金蝶堂印譜》，朝夕追摹。後又得益於《天發神讖碑》、《三公山碑》與《秦權》，晚年更純任自然，獨闢蹊徑。書法方面，先學同鄉何子貞，遇李筠庵，學魏碑爨龍顏，鄭文公碑。「五出五歸」後，學李北海的《麓山寺碑》、《雲麾將軍碑》、《三公山碑》、《曹子建碑》。並學金冬心的書體，喜其拙厚天真。篆字得自《天發神讖碑》者最多。同時也學過鄭板橋、吳昌碩的字體。六十歲前後已融化吸收，自成一家面目。

老人的詩學自《唐詩三百首》。文章則完全由自己讀書體會領悟而得。胡適說：「他沒有受過中國文人學做文章的訓練，他沒有做過八股文，也沒有做過古文駢文，所以他的散文記事，用的字，造的句，往往是舊式古文駢文的作者不敢做或不能做的！」⑪我們且看他寫紫荊山下避兵亂的一段文字：

明年戊午（碩按：是為民國七年，一九一八年），民亂較兵尤甚，四圍煙氛，無路逃竄。幸有戚人居邑之紫荊山下，其地稍僻，招予分居。然風聲鶴唳，魂夢時驚，遂吞聲草莽之中，夜宿於露草之上，朝餐於蒼松之蔭。時值嚴夏，浹背汗流，綠蟻蒼蠅共食，野狐穴鼠為鄰。殆及一年，骨如柴瘦，所稍勝於枯柴者，尚多兩目而能四顧，目睛瑩瑩然而能動也。⑫

像這樣的文章，較諸古文名家，何曾遜色！瞿兌之評白石詩曰：「以余觀之，其詩清矯，近得明人神髓，遠含郊島意味，即在詩人中亦當佔一重要位置。蓋與湘綺雖面目迥異，而取徑高卓，不隨流俗則同。工詩者固多，而擺脫詩家一切習氣乃至難。此真所謂詩有別裁，非關學也。」⑬

如果沒有徐渭、八大、石濤、金農、苦鐵等大家，就沒有齊白石。而能貫通各家，兼採眾長，熔鑄成一家，而以之寫自家獨特胸臆，真所謂之活學傳統，不為古人奴。齊白石自稱「詩第一，篆刻第二，字第三，書第四」，以我的淺見，齊白石還應是畫第一，詩文第二，篆刻第三，書第四。一人而能囊括四絕，而且各項都能戛戛獨造，在藝術史上佔有重要的地位，除吳昌碩之外，史所未之曾見。吳昌碩在書法、篆刻上雖然高過白石；白石在詩文上卻又略勝一籌。論畫，吳昌碩的古樸鏗鏘前無古人，而白石的廣大與真摯也不可企及。白石老人的生命與藝術合而為一，所畫的各有實情、實地、實物與實生活，他一生的畫作，可以看做是一部豐富至極的「旅世畫記」——他確以畫來記述他一生所見、所聞、所感、所思、所悲、所憤、所愛、所悅。

第二個因素，是齊白石的長壽。齊白石以一人而綜合數千年金石書畫的綿長傳統，而且由一介農夫，工匠而自我追尋，努力提昇，脫胎換骨而達到書畫藝術的顚峯，一生所走過的路，尤其曲折迢遙。如果沒有天假長年，他必難以走完如此坎坷的道路，也必不可能達到如許成就。他與吳昌碩同是長壽畫家，而且比吳更多了十一年歲月。「文章老更成」、「老大意轉拙」⑭，可見「老」常是「成」與「拙」的必要條件。不但長壽，而且生命力極其旺盛。他不但有過三位妻子（最後一位夏文珠女士因子女反對，以「看護」名義同居，這時齊白石已八十多歲）。他七十六歲還生了第七個兒子（齊良末），合女兒大約共兒女十人。而在生命最後一年中，還畫了三四百幅作品⑮，如果齊白石像任伯年以五十餘歲短命早逝，他只能廁身小名家之列，斷無後來登峯造極的成就。

第三個因素是他少小時期極貧窮困苦的生活，使他對中國貧民的處境有深切的體驗，也塑造了他的性格、人格和風格。而他四十以後「五出五歸」，曾過洞庭往西安，遊灞橋、華山、碑林、雁塔坡、牛首山、溫泉；過黃河、嵩山，暢游北平名勝。又曾到廬山、南昌、桂林、廣東、廣西；過蒼梧到欽州，遊鼎湖、端溪以及北崙河南岸的越南山水；香港、上海、蘇州、南京也都留下遊踪。飽遊飫看，也正是董思白「行萬里路」的主張。人生苦境的煎熬，江山勝境的陶冶，齊白石的壯濶深厚，當不僅依賴天賦才具而已。

第四個因素，我覺得齊白石一生境遇是得天獨厚。俗語說「遇貴人扶持」，確是他特殊的緣福。他二十七歲以後，得到許多大名士、大詩家的栽培、提携，後來又得到學院派文人畫家的獎掖、勸導、推崇與引介，進步神速，乃至揚名中外。林風眠、徐悲鴻、陳師曾對他知遇之隆，特別是陳師曾的勸導，至為重要。他在自傳中說：

> 我那時（五十八歲）學的是八大山人冷逸的一路。不為北京人所喜愛，除了陳師曾以外，懂得我畫的人，簡直是絕無僅有。……生涯落寞得很。師曾勸我自出新意，變通畫法，我聽了他話，自創紅花墨葉的一派。⑯

白石詩中有許多對師友感恩的篇什，在自傳中也屢屢述及。他不隱瞞，不負恩，虔敬坦誠，令人感動。

最後一個因素，應該說齊白石一生對藝術不渝的追求，從不見異思遷，不論逆境順境，都堅持一個藝術家的風格，不欺世盜名，不貪慕權勢；活到老，學到老，堅苦卓絕，為藝術鞠躬盡瘁。這些因素是齊白石成功的條件。

評價

齊白石自傳統的農業社會中來，一生浸淫在傳統的詩書畫的研習與創作中，表現的是農村平民大眾的感情。他似乎與歷史變遷中的大時代不發生關聯。他五十歲的時候，辛亥革命已經成功。在他往後近半個世紀的生涯中，他的藝術中沒有反映這個變遷的時代，也似乎沒有抒發出對這個變遷的時代，有與過去不同的思想感情，更沒有對於中國藝術已經在醞釀現代化的變革，有所思省。毫無疑問，這正顯示了齊白石藝術中的局限。「在林風眠、徐悲鴻等現代化先驅對齊白石的推崇，卻不曾引起他藝術思想革新的自覺。「京者近官，沒海者近商」（周樹人語）。齊白石與「官」毫無瓜葛，不過，近官保守，近商進取。「京派」與「海派」不同在此。齊白石在古都生活數十年，他畢竟是寄居於亂世的舊派人物，他還不能感受到他所賴以成長的舊中國已漸漸衰亡。他到底只成了舊時代與新時代交替之間的遺老。中國美術現代化的革新，期待的是接受了西潮洗禮的後來者。

吳昌碩逝世的時候，齊白石六十四歲。白石詩云：「我欲九泉為走狗，三家門下轉輪來。」⑰「三家」之一是老缶（吳昌碩），他卻不曾拜晤過，令人不無參商之憾。吳、齊畫路相同，但思想與品味不同。他們的成就卻難以軒輊。一個是高古的文人，一個是素樸的農夫，他們正是傳統文人畫家的最後雙雄。

註釋

①齊璜口述，張次溪筆錄的《白石老人自述》中，自述「我出生在清朝同治二年（癸亥・一八六三）十一月二十二日，我生肖是屬豬的。」

②按照齊白石最後一年自己題畫署款是九十七歲，其實只有九十五虛歲。多出兩歲的原因，根據《白石老人自述》該書中「避世時期」一節中所述，原來是在七十五歲時聽算命先生之言，用「瞞天過海法」，逃過七十五歲不吉利一關，口稱七十七歲。

③見傳記文學出版社《白石老人自述》一書中之附錄〈看完白石老人自述後的感想〉（羅家倫）。

④「風俗畫」是描繪日常社會生活的繪畫。十五、十六世紀文藝復興時期大盛，以與宗教畫相頡頏。十七、十九世紀日本江戶時期的浮世繪，也是風俗畫的典範。在我國漢代畫像石、畫像磚中有描繪社會生活的圖畫，唐宋更有「貨郎圖」與「清明上河圖」等，皆風俗畫之名作。齊白石雖然以花鳥為主要題材，但他偏愛民間生活器具與尋常農村所見草木昆蟲為對象，而且也有許多表現民間生活的人物畫。就這些方面而言，他的畫也屬風俗畫的範疇。

⑤陳師曾，《中國文人畫研究》。
⑥見一九五六年白石老人逝世前一年所作《齊白石作品選集》自序。
⑦「陳夫人」即齊白石元配陳春君。見《白石老人自述》。
⑧「不倒翁」畫五幅均見王方宇、許芥昱合著之《看齊白石畫》。
⑨陳凡輯《齊白石詩文篆刻集》附錄。
⑩王振德、李天庥輯注《齊白石談藝錄》中〈與王森然論藝〉。
⑪胡適之，《齊白石年譜》序。
⑫陳凡輯《齊白石詩文篆刻集》中之「白石文抄」之「書簡」。
⑬見瞿兌之〈齊白石翁畫該錄〉一文，《古今半月刊》第三十五期。
⑭杜甫詩〈戲為六絕句〉：「庾信文章老更成，凌雲健筆意縱橫。」杜甫詩〈自京赴奉先縣詠懷五百字〉：「杜陵有布衣，老大意轉拙。」
⑮蔡若虹，《勤勞的一生——齊白石先生生平介紹》。
⑯同註①。
⑰白石詩抄，「天津美術館來函徵詩文略以古今可師不可師者以示來者」之四。

齊白石代表作選

芋頭蟋蟀
1924年

發財圖
1927年

發財圖

丁卯五月之初有客至自言求余畫發財圖余曰發財門路太多如何是好曰煩君姑妄言著余曰欲畫趙元帥否曰非也余又曰欲畫印璽衣冠之類耶曰非也余又曰刀槍繩索之類耶曰非也算盤何如余曰善哉欲人錢財而不施危險乃仁具耳余即一揮而就并記之時客去後余再畫此幅藏之篋底三百石印富翁又題原記

三百石印富製于燕

草花蜻蜓
30年代

潑墨山水
30年代

齊璜

清白傳家圖
30年代

清白傳家圖
余少时衡山陳世琳画菜小册秘藏之此时不知歸谁耳

橫行幾時休

1941年

自稱
1948年

自稱
白石老人

耳食
1947年

耳食
耳食不知其味也
八十七歲白石

農具
1949年

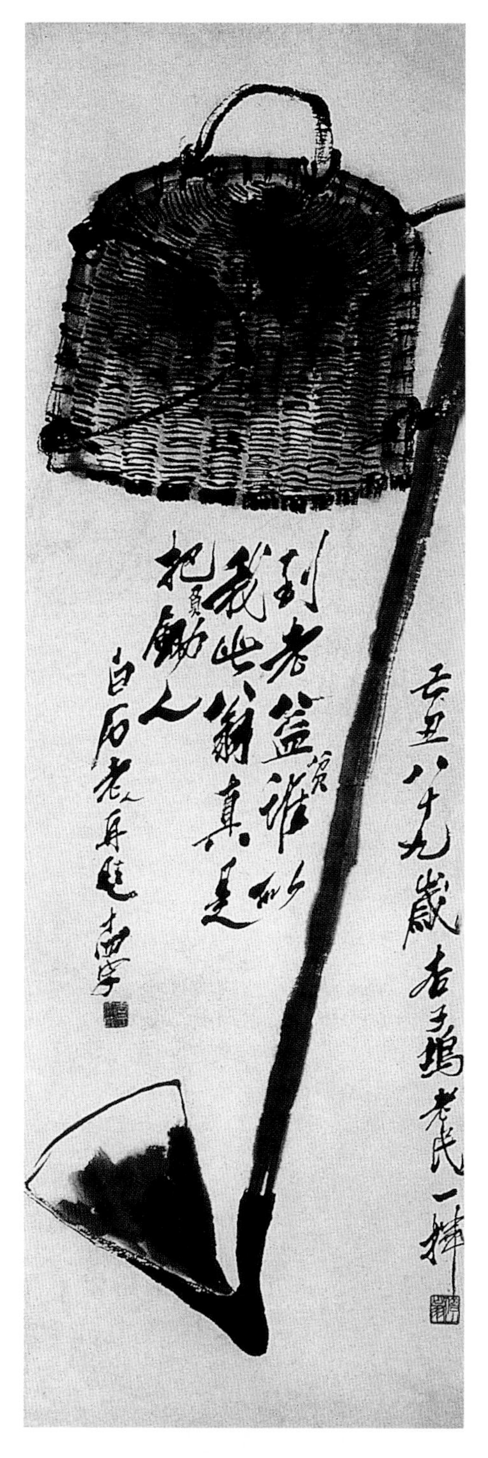

蛙聲十里出山泉
1951年

不倒翁
1953年

能供兒戲此翁乖
打倒休扶快起來
頭上齊眉紗帽黑
雖無肝膽有官階
白石三十歲後句
實為無聊
九十三歲白石

牡丹
1957年最後遺作

九十七歲白石

黃賓虹

蒼拙古奧，渾厚華滋

時代背景

有清一代「樸學」之盛，醞釀成濃厚的復古風氣，三千年來舊文藝遂做了一次大綜結。在書法金石方面，名家輩出，睥睨前古。中國的「書畫同源」，講究書畫共通的要素皆為「骨法」。「骨法」就是中國書畫線條形式美的內在靈魂。將金石書法入畫，在花鳥畫方面出現了「蒼茫古厚，不可一世」的吳昌碩①，成為金石畫派的主帥。在山水畫方面，似未聞金石派的說法。其實，生於明末的金石書畫家，與黃賓虹同鄉的程邃的山水畫，枯淡蒼古，已開金石趣味之先聲。程邃稍後，髡殘（石谿）也是富金石味的大家。張庚評其畫：「石谿工山水，奧境奇辟，緬邈幽深，引人入勝。筆墨高古，設色精湛，誠元人之勝概也。」②程邃號垢道人，石谿號殘道者。一「垢」一「殘」，正與鐘鼎彝器碑碣甎瓦的渾古、蒼拙、殘闕、樸茂、斑爛相諧相應。不過，如果沒有嘉、道以降大量碑誌、金石、器物出土，不可能有意識地發展出所謂「金石畫派」。黃賓虹生於同治四年，正好承接趙之謙、吳昌碩等金石派大家之後，在山水畫方面，黃賓虹可稱為金石派山水畫擎天之柱。雖然一般不以金石派來稱道黃氏的山水畫，原因可能是山水畫與樹石花木不同。碑刻與鐘鼎的筆畫線條可以很明顯地表現在樹石花木上，而對於大空間的、需要加上層層渲染的山水畫，金石筆法比較淹沒不彰。但是如果不從金石美感上來抉幽探微，必不能一窺黃賓虹山水的神髓之所在。而我稱黃賓虹山水是金石畫派，雖自我作古，但非絕無依據。我們且慢論其畫，僅從他自題山水的款識文字上，已可知道將金石文字筆法融入山水，原是他自覺的努力方向。

在癸巳年「山村圖」中題曰：

山川渾厚，草木華滋，董、巨、二米為一家法。宋元名賢，實中有虛，虛中有實，筆力是氣，墨采是韻。逮清道、咸金石學盛，籀篆分隸，椎拓碑碣，精確書畫相通，又駕前人而上之，言真內美也。

「畫石」題曰：

筆力圓勁，純由篆隸得來。

像這一類的觀點，在他豐富的畫論中，更所在多有。又如在「論筆法」中說：

練習國畫，金石拓本宜常備案頭，隨時臨摹，增進筆法，自然高雅。③

中國山水畫史的開端迄無定論，即使從「畫雲台山記」的東晉顧愷之算起，也已經有兩千多年之久。其間山水名家，不勝枚舉。而以金石美感入山水，獨闢蒼拙古奧，渾厚華滋一路，黃賓虹是曠古一人而已。

生平回顧

黃賓虹，譜名懋質，又名元吉。應試改名質，字樸存。其故鄉潭渡村有濱虹亭，遂自號濱虹。定居上海後，改字賓虹，以字行。別號極多：樸丞、樸岑、元初、元一、元啟、伯咸、檗琴、片石、片石居士、濱虹生、濱虹散人，予向、頎广散人、大千、予向、虹若、虹廬、虹叟、景彥、水鴻、濱公、賓谼、賓弘、賓翁、黃山山中人等。西元一八六五年一月二十七日上午二時（清同治四年乙丑正月初一日丑時）生於浙江金華。祖籍安徽歙縣西鄉潭渡村。西元一九五五年三月二十五日上午三時三十分卒於杭州西湖棲霞嶺寓居。他自己算虛歲加了兩歲，便是九十二歲，實足享年九十歲。

關於「大千」兩字，據朱省齋在〈黃賓虹博學多聞〉一文中說到黃氏所寫掌故小說，多以「大千」、「予向」等名。又說：「二十多年前他（黃賓虹）寓居北京的時候，有一次在稷園雅集裡，已故的名刻印家壽石工曾向張大千開玩笑，當眾譏其偷竊黃賓虹的名號，一時大家為之譁然；這是千真萬確的事，不但見之賓虹自己所寫的文字中，並且現在台北的溥心畬當時也曾在場目擊，事後還逢人便津津樂道呢。」④這也是難得的史料，附記一筆以為後來者鑑。

黃賓虹的父親黃定華，字定三，號鞠如，少時隨父習商浙東金華，商餘好吟詠，工擘窠大字，也喜畫。黃賓虹是長子，出生時父親三十五歲，母親方氏二十三歲⑤。黃賓虹生長在這樣一個幸福的家庭中，在近代這幾位第一流大畫家中，他是得天獨厚。五歲時，父親延師教讀，老師趙經田，是個多才多藝的秀才，會彈琴，也會畫山水、蘭竹。黃賓虹在父親與老師啟蒙之下，從小就喜歡繪畫與篆刻。後來又得到他父親摯友，詩畫家倪逸甫的指點，十六歲之前已飽讀經書，也臨摹過家藏或借來的許多名畫。如沈石田、王蒙、董其昌、查士標、黃呂等名迹。又反覆臨摹過《芥子園畫集》，背臨過石濤「黃山圖」。並仿荊浩《筆法記》作《筆法散記》稿一卷。

十二歲從命隨父返原籍歙縣應童子試，文列高等。十六歲從義烏陳春帆學寫真（人像畫）。《虹廬畫談》曾說陳春帆寫真人像不讓曾鯨、禹之鼎。十七歲以後，遊歷名山勝地，寫生作畫，做詩文，訪師友，學騎劍，過著古代典型文人名士的生活，眼界大開。二十一歲由揚州返歙應試，補廩貢生。改名黃質，字樸存。問業於汪宗沂，始讀汪中《述學》、洪亮吉《更生齋集》。自言平生作文章受益於汪、洪至深。二十二歲赴揚州就任兩淮鹽運使署錄事。其間從鄭珊（雪湖）學山水，也從陳崇光（若木）學花鳥。鄭珊筆意蒼厚，尚用積墨，頗得龔賢遺意，受益良多。任錄事不到一年，因看不慣官場黑暗，辭職回鄉。在他六十左右〈述懷〉詩中有「揚州小錄事，拂袖歸去來」句，即指此事。二十二歲起黃賓虹已經開始收藏書畫名迹。他後來不但是大畫家，也是著名的畫史家、收藏家與鑑賞家。

甲午戰敗後，康有為、梁啟超提倡變法。黃賓虹因為在揚州時已受到維新派影響，關心國事，故致函康、梁，抒述政見，並得友人介紹，與譚嗣同訂交。戊戌變法失敗（一八九八年）翌年，被人以革命嫌疑密告，倉促出走。經此刺激，從此隱迹山鄉。曾與地方人士在家鄉興水利，又任教師（國文），並建「石芝閣」畫室。時與一般文人志士談論國事，並組「黃社」（紀念明清之際思想家黃宗羲）。四十二歲再度被密告省垣，指為革命黨人，遂走上海，並從此定居滬上，計三十年。

黃賓虹在上海的前二十年，主要在報社、書局任職，從事新聞與美術編輯工作以及各種學術活動。他結交了鄧實、黃節、柳亞子、陳去病等人。參與新聞與政論、學術報刊的編輯工作，有名者如《政藝通報》、《國粹學報》、《國粹叢書》、「神州國光社」等。由於兼《國粹學報》的編務，與章太炎、劉師培等常有接觸。他曾痛斥過欺侮中國人的洋人，也曾作漫畫揭露盜竊龍門、敦煌等地古文物的外國強盜，投寄高奇峯、高劍父主辦的《真相畫報》。又曾撰〈自強救國論〉。在《上海時報》工作時，拒絕籌安會的利誘，說：「助紂為虐，不是君子所為。」

當時吳昌碩主持「海上題襟館」雅集，黃賓虹也常去聚談。一度與宣古愚合辦「宙合齋」，又曾發起「金石書畫藝觀學會」、「爛漫社」、「百川書畫社」，並與鄭午昌等創辦「蜜蜂畫社」，編印畫集。他在「藝觀學會小啟」中說到：「近今萬國交流，凡極文明之國，愈寶愛其國之文明，而考古之士益多。如歐美列強，其博物院、博覽會等，幾無處無之。」他鼓吹新觀念，發皇古文藝，愛國憂國、關懷社會，與一班舞文弄墨、煙霞供養，萬事不關心的士大夫畫家大不相同。

尤其是他參加了當時上海的「神州國光社」的工作，編印了《神州國光集》、《神州大觀》、《歷代名家與畫集》、《中國名畫集》，又曾主編《藝觀》雙月刊、《國畫月刊》等等。用珂羅版印刷畫集，創辦美術雜誌，嘉惠天下學子，宣揚中國繪畫，黃賓虹是最早而有重大貢獻的一位。

在上海的後十年，黃賓虹從編輯工作轉到了教育工作。先後任上海各藝術學校的教授。曾任暨南大學中國畫研究會導師、昌明藝專、新華藝專教授。中國藝術專科學校校長。廣西、四川也曾聘請講學。七十二歲赴北京，任「北平藝術專科學校」教授。八十四歲時大陸赤化前一年，遷居杭州，寓棲霞嶺任杭州國立藝專教授。九十歲因胃癌逝世⑥。彌留中猶念「有誰催我，三更燈火五更雞」之句⑦。

典型的學者畫家

清朝末葉，民國初年，除了一班受西方文化洗禮之士開始有意識倡導藝術革新，追求新出路之外，大概有兩種畫家：一種是追隨當時權威「正統」，因襲模仿，日漸枯槁；另一種畫家是綜合傳統精華，加上對自然與生活的切實觀察體驗，能在舊傳統中出新意。前者如胡公壽、吳大澂、吳穀祥、吳湖帆、馮超然等，後者如任伯年、吳昌碩、齊白石，還有黃賓虹。中國傳統繪畫最後的人物畫大師是任伯年，最後的文人畫花鳥大師是吳、齊雙雄，而最後山水畫的集大成者則是黃賓虹。黃賓虹這一輩的中國畫家，大半生是生活在辛亥革命之後的民國。雖然西方繪畫的影響自明末已入中土，光緒末年有吳石僊山水喜參用西法，但西方繪畫正式在中國畫壇奠基，以及其書法與中國傳統結合，還有待留洋歸國的徐悲鴻、林風眠等畫家，為新時代開端緒。

中國畫史家，也是研究黃賓虹的專家王伯敏對黃賓虹的看法，認為根據他作風的變化，可分三個時期。第一是五十歲之前，是研習傳統時期；第二是五十至七十歲間，是師法造化時期；第三是七十以後，是創作時期。王伯敏說黃賓虹是「早學晚熟」⑧，的確如此。黃賓虹博學而長壽，是一部「畫史」。他得天獨厚，上天給他從容的時間，他也從容地安排了各階段的進程。他十幾歲開始學畫，竟花四、五十年的光陰研習傳統，差不多他的基礎階段，已經等於任伯年的一生。如果他只有任伯年的壽數，他只是經常被美術史家略而不提的小名家而已。他的第二個階段到了七十歲。傅抱石六十一歲逝世；如果黃賓虹沒有七十歲以後，尤其是八十以後爐火純青的晚年歲月，那麼黃賓虹將不可能與吳昌碩、傅抱石一同廁身二十世紀少數第一流中國畫家之列。古來說畫家要讀萬卷書，行萬里路，沒有一個畫家曾經做到黃賓虹所達到的紀錄。臨摹、旅遊、寫生、創作、讀書、著述、收藏、鑑審、……各個單項，不論就量之多與內容之富厚而言，都令人歎為觀止；以一人一生而有如此豐碩之內容，更為中國畫史上所罕見。

據《黃賓虹著述所見摭錄》⑨，黃賓虹的著述，甲項畫類（理論、技法、史料）有六十三種。其中包括收入商務印書館「萬有文庫」的《古畫微》及《金石書畫編》講義，《中國畫學史大綱》等重要著作。乙項金石類（附陶器及文字考證）有二十六種；丙項工藝美術有五種；丁項詩文類十二種；戊項編纂類有二十五種，包括與鄧實合編，由神州國光社出版之《美術叢書》這一大部巨著。近代畫家中，在文字上下大功夫的，也沒有人能與黃賓虹相比。如果說任伯年是天才的市民畫家，吳昌碩與齊白石是詩書畫三絕的文人畫家，黃賓虹便應是典型的學者畫家。他對中國美術史的修養，對歷代名畫的精熟，對畫理畫法的透闢，使他有集傳統大成的涵容與綜合的能耐。黃賓虹一生的成就，是從容汲取，積健為雄。如果用四個字的成語來形容，就是「水滴石穿」。

以一生作一畫

黃賓虹的畫藝，兼取眾長，不分門戶。但他的故籍是「新安派」所在地，故頗受新安影響。少年時即學過他本族新安派黃鳳六（黃呂）山水，而對新安大家如弘仁、查士標，更多研摹。他初由沈石田、董其昌、查士標學起，後學鄒之麟、惲道生、程正揆、程邃、石谿，龔賢、王原祈、梅清然後上溯元季四家（黃公望、王蒙、倪瓚、吳鎮）及宋之馬遠、夏圭、大小米、董源、巨然、直上五代之荆浩、關仝，唐之王維、李思訓等等。由近及遠，窮源溯流，取精用宏，融滙錘煉，而成一家。我少小即慕黃賓虹畫，曾臨摹其畫百幅以上。三十年來於海內外，過目無數，又讀其書與各家評論，略有心得，一語以破之：黃賓虹之畫藝，是「以一生作一畫」。

何謂「以一生作一畫」？譬如煉金，先取無量數之沙礫，剔抉篩撿，再熔煉之，然後去其雜質，反覆提煉為純金。黃賓虹窮一生之力，博采精華，又從造化中汲取源泉，然後在筆墨章法上反覆淬礪，最後達到頂峯，故可說一生目標在完成一幅集古今大成與自我創造相結合之畫。他五十以前的臨摹功夫是為最後的畫作準備，五十至七十旅遊山川之勢，寫生稿數以萬計，也是為最後的畫作準備。到了八、九十歲，古人、造化與自我已經融合為一，加上他讀書、著述、收藏、鑑賞、金石、書法、文學……種種修養，終於呈現了最後的一幅畫。當然，這裡的「最後一幅畫」不能理解為數量上只有「一」幅而已。他八十以後也就是他生命最後的十年間，才出現了他平生所期待的最後的頂峯造極之作。事實上，一幅最典型、最完美的晚期黃畫，也就涵括了他一生在畫藝上所有的努力。這就是黃賓虹的畫最特殊的地方。我在上面說水滴石穿的話，也就是說，千萬滴水只是為「石穿」做準備。當最後一滴水使石為之穿洞的時候，就是黃賓虹的畫達到最高的成就的時候。古往今來，很多畫家在「石穿」之前便已停頓。因為準備工夫不夠，雖也見石頭凹陷，但不能「石穿」。天賦、毅力、恆心加上長壽，才能有「石穿」的成就。有的畫家一生各個階段各有追求；有的畫家人物花草蟲魚，無所不能。當然，各種畫家都各有致勝之道，藝術原應各有蹊徑，不必眾人一路。但是，如果不明瞭黃賓虹「以一生作一畫」的道理，便很難把握他藝術發展的趨勢，便不能了解他的藝畫的進程，也就不能深刻地理解黃賓虹的畫的特色和旨趣所在。

五筆七墨

黃賓虹論畫，最注重者除章法（布局，今稱構圖）外，就是用筆用墨。他在〈論畫書簡〉中說：「書畫之道，不外筆法、墨法、章法三者。」⑩對於筆墨，黃賓虹有極精深的論述，在他的畫論文字中反覆申說。最著名的是「五筆七墨」之說。他對學生段拭的說法最為清楚簡明⑪。筆的「五法」曰：平，如椎畫沙；留，如屋漏痕；圓，如折釵股；重，如高山墜石，如金之柔，如鐵之秀；變，李陽冰曰：「點不變謂之布棋，橫不變謂之布算。」余稱之為「六如」法（按：「六如」，佛家語。言如夢如幻變化無常也）。墨的「七法」曰：濃、淡、破、潑、積、焦、宿。唐以前多用濃墨，王維、李成始創淡渲，有淡墨法。以淡破濃，以濃破淡，互相融洽，因名破墨。破墨之法，盛行於宋元，明代而下，知此漸尠。吳小仙、郭清狂輩，枯筆焦墨，恣意塗抹，墨法盡廢。沈、文既起，偶用古法。董玄宰師董、巨，紹其遺緒，兼皴帶染，方便初學。至若焦墨之法，垢道人擅其長；宿墨之法，釋漸江盡其美。潑墨雖始於王洽、二米，高房山而後嗣響寥寥矣。他常用「乾裂秋風，潤含春雨」來形容用墨之妙。其墨法之精深，前無古人。

中國繪畫自古特重「筆墨」二字，沒有筆墨，東塗西抹，再好的效果，在傳統眼光皆不認為是中國畫。黃賓虹認為筆法由書法來，而他的書法，多遙溯商周，追蹤古籀，探本窮源。最遠者當然是書契，以刀為筆，所以稱為「刀筆」。其中至堅至樸者為「杵書」，清剛者屬「刀書」，故能遒勁內斂，力能扛鼎。我們看黃賓虹的線條，所謂鐵劃銀鈎，便明白他是以運刀筆之法來使柔毫。六朝人稱「骨法用筆」，也講用筆的「骨氣」。要用筆有力，便要「一波三折」，如畫一橫線，欲右先左為一折，往右運行為二折，至收筆處迴鋒向左為三折。此也即是「無往不復，無垂不縮」，使筆沈著不浮滑的道理。他論筆墨，最有創造性的見解是「融洽分明」。謂「分明」在筆，「融洽」在墨。筆墨相輔相成之理，在於將「分明」與「融洽」的對立打破，使之能達到和諧。「分明」而後有「風骨」，「融洽」而後有「氤氳」，這是「筆墨」的精義。他說唐人用筆，宋人兼用墨，他特別推崇元人筆墨，認為明朝大畫家只能恢復南宋之筆法，墨法未備。董其昌的墨法不過以兼皴帶染為工，非用墨之正法，四王多因襲董之外貌，不能媲美元人，筆力過於柔弱。石谿、石濤、新羅、兩峯稍能悟元人墨法，故比四王高超。他對王原祁比較尊崇，但他對婁東、盧山之輕浮與吳門、雲間之甜賴，認為就是因為不是築基於唐人及北宋，故無由振作⑫。他批評四王：「清代四王之山全白，乃因彼等均專事模仿，不看真山，不研究真山之故。」而指為「紙上之山」⑬。他認為揚州畫派不足之處在「粗疏」；他對「文人畫」不重堅實技巧的態度，也不稱賞。他認為「文人畫與市井相去無幾，以其練習功缺也」，又說「惟市井、江湖與文人畫，切切不可學。」他對筆墨的要求之嚴格，理想之高超，他有兩句題畫詩曰「力挽萬牛要健筆，所以渾厚能華滋。」曾說「以元人筆墨，運宋人邱壑」。正揭示了黃賓虹畫的特色。

他對古今畫藝的批評，很有獨到的眼光，而對畫史源流派別之嫻熟，其間得失長短之褒貶，常有高遠之見識。

特別值得注意的是，他屢屢提及「逮及道、咸、金石學盛、碑碣摩崖，椎拓益精，畫學中興。包安吳〈藝舟雙楫〉，周保緒〈折肱錄〉，諸說顯明於世，一掃明人兼皴帶染之陋。」「清二百年中，惟金石家畫尙存古意，其餘不足論也。」「至咸同中，當時金石學盛，書畫一道，亦稱中興，可謂有本之學，如貴州鄭珍，浙江趙之謙，維揚陳崇光、吳讓之，山東張士保，江蘇吳愙齋、翁松禪、何子貞、包世臣，莫不有畫，而超出乎八怪之上。近年鄙人北來，留意金石古文字，擬通之於畫理，知前人之謬誤而思救正之。」在〈畫學篇〉中，他以詩的形式，也有「道咸世險無康衢，內憂外患民嗟吁，畫家復興思救國，特健藥可百病蘇。藝舟雙楫包慎伯，撝叔趙氏石查胡，金石書法滙藝事，四方響應登高呼。」這一段⑭。對金石書法融滙在繪畫中，黃賓虹獨具慧眼，認為是「畫學中興」，是醫治清代因襲模仿，越來越「邪甜惡俗」、「輕薄促弱」的「特健藥」。而他的畫論與畫法，全從古代文字書法出，可見他正是走的金石派的路。據黃賓虹的老友，也是書畫家的張宗祥所言，董玄宰用墨至精，賓老恰恰與之對立，用墨至粗，硯中宿墨累累，都與董氏各有千秋。「有人認為賓老病目時作品，有幾幅簡直像沒有榻好的碑帖」。這也正好說的黃賓虹到老年成熟期的作品，是表現了一片金石的趣味。從來畫評家少有人特別注意及此。只有潘天壽說他「寫其游歷之曉山、晚山、夜山與雨後初晴之陰山，每使滿紙烏黑如舊拓三老碑版，不堪向邇。」⑮曾經追隨黃賓虹，生平對黃賓虹研究甚力的畫史家王伯敏，雖曾提及黃賓虹「有一個特別的看法」(即金石學盛，畫學中興之說)，但對黃賓虹此說，不以為然⑯。其實，有了包世臣等人提倡碑學，才有趙之謙等人，而後有吳昌碩、齊白石、潘天壽這些金石派大家。黃賓虹所說的「中興」，是把書畫不分。如果是指金石派一路為清代末葉的大成就，似不無所見。沒有人說過黃賓虹是金石山水

評價

古今中外，畫家大別有三類，姑且以「古典」與「浪漫」及「兩者兼有」說之。黃賓虹無疑屬於第一類。他由積累的漸進，重視規律法則，表現了普遍的情思與意念，不同於激發的突進、蔑視紀律，重個人特殊情感的宣洩的浪漫主義。上面我說到他以一生作一畫，也正是說，他慘澹經營的是綜合他的見解、學識、功力與創意所欲達到的畫面，由整體到局部，由一點一劃到造型、結構，他要呈現的是最高的完美的理想。他不是以一時的感情所觸發的強烈情感來作畫，也即是他不是依賴靈感，而是以理性的規範（他所堅信的內在與形式的法則）來策劃建構。他的創造工作猶如工程，隨著歲月的增長而愈趨完美。許多文藝家青年或中年時代的某些作品，往往成為一生中的最高峯。而黃賓虹不是這樣，他是愈老愈佳。「積健為雄」此之謂也。

黃賓虹單獨的一幅畫，很少顯露出他個人當下的情感。他的題畫文字也獨創一格，多為畫論，不涉個人感情。而他一生的作品，集合起來，卻表現了他對宇宙人生深沈的探索與品味，他的世界觀與人生觀，他的審美趣味，他的藝術觀念以及對畫史的批判、取捨與增革損益。要將這一切綜合起來，才能看到他的思想，才能體悟到他的感情所在，那是：曲折、含蓄、雋永深厚而大氣磅礴。

他不太看得起文人畫，從他的作品的風格與特性來看，他非常不喜歡藉潦草浮薄的技巧，表現了一個意象，然後注入文學的意義，讓觀賞者在視覺之外去捕捉內涵或境界。比如四君子的高潔磊落，或者山水畫的隱逸。他認為充實、豐厚、超越的筆墨，本身就構成了繪畫的視覺意涵，不應假借文學的聯想與提示，那是繪畫的貧弱。他說「畫有三：一、絕似物象者，此欺世盜名之畫；二、絕不似於物象者，往往托名寫意，魚目混珠，亦欺世盜名之畫；三、惟絕似又絕不似於物象者，此乃真畫。」他論畫之品流，說到畫有初觀之令人驚歎其技能之精工，諦審之而無天趣者，為下品；初見為佳，久視亦不覺其可厭，是為中品；初視不甚佳，或正不見佳，諦觀而其佳處為人所不能到，且與人以不易知，此為上品。⑰他重視技法，但不屑以前人所已能已有為足，而要有「為人所不能到」，而且「不易知」，此即越超與深藏。黃賓虹的畫是內行人的畫，不是畫給一般看漂亮的凡庸之輩看的。

最成熟的黃賓虹畫，近看一片迷亂，遠觀則玲瓏剔透，生機洋溢，層次豐美，神韻飛動，而卻蒼古沈厚，拙樸無華。他近一世紀的繪畫生涯，技法的千錘百煉，達到過去所未有的深度與高度。如果中國畫論的「化境」，指技法達到形而上的境界，不拘泥於應物象形的形而下的精準生動，那麼，歷史上達到這地步的畫家實在不多。在黃賓虹之前，大概只有如王蒙、倪瓚、垢道人、石谿、王麓台等少數人而已。而以黃賓虹為集大成，登峯造極，歎為觀止。所謂「技進乎道」，正是黃賓虹畫最恰當的評語。

我覺得要說明黃賓虹筆墨的奧妙，實在不易以語言來描述。他的筆墨，錯綜複雜，點劃交纏，濃淡參差，可以說是筆筆是「誤」，而經過交疊互補，而最後終歸乎「正」。其特點近乎西方印象派以各種色點與色線鋪陳畫面，遠觀之由視覺的調和而得畫家所欲表現的「正色」。不過外光派用的是色彩，黃賓虹用的是筆墨，而其由「分」而「合」的原理則同。這種卓超的技法，確含有形而上的意味，不是一般匠家所能了解者。

黃賓虹用筆與章法，由大籀篆隸乃至漢印，乃至自然的現象的體悟（椎畫沙、屋漏痕、折釵股、蟲書鳥迹、墜石奔泉……）而來。雖然這些曾經為過去畫家所抉發，但用於繪畫而成傑出，古今一人而已。至於墨法，不論龔賢、石谿（石濤的墨法不能與石谿同日語），都未曾有黃賓虹之複雜多樣，尤其宿墨法與破墨法，還有「水法」之高妙，黃賓虹的造詣堪稱獨步。兩千多年中國繪畫史上用墨之法最豐富、最精絕者，依我的看法，黃賓虹是睥睨古今。

從黃賓虹的平生事蹟，我們已知道他愛國憂國，關懷民族存亡禍福，有過許多實際行動，而且兩度遭到密告為「革命黨」。可見他不是以筆墨自娛，萬事不關心的士大夫文人畫家。他的畫迹，不刻意顯露個人一時的感情，但從他最深刻、最優秀的作品上，我們仍然可以感受到他畫故國山川，表達的是一種深沈的鬱勃，一種沈重的感懷，一種蒼莽拙厚的氣概。他讚美缶廬（吳昌碩）畫石有「頑澀」之趣⑱。又說「畫要生，要拙，要澀，要茅，要晦暗，要嫩稚，這都是免俗的方法。」⑲他特別喜歡畫「夜山」，這種「黝黑如椎碑」的畫作，隱藏了近代苦難中國這一位歷經世變的老畫家多少悲壯沈痛的情懷，只有讓知音者從他的筆墨間去體會了。

黃賓虹的畫，在題材與境界上比較陳舊，內容與情感上也不大能顯示出時代的精神，這是他的畫最大的缺失。但是，對於前半輩子生活在清朝的這一位跨越兩個時代的畫家而言，我們似乎不應苛求。而身為傳統山水畫最後的大綜合者與金石派山水畫的開拓者，黃賓虹豐富了傳統，也樹立了典範。儘管在他之後的新時代的第一流畫家，再不可能從容踵武黃賓虹所走過的路，但是，他所提撕的傳統精華，他豐富而艱深的技法，他的論畫文字，他對傳統的品評與見解，以及他一生數以萬計的繪畫作品，都將是留給後來者學習與汲取最珍貴的遺產。直到現在，黃賓虹藝術的價值還不曾為藝術界普遍認識，我堅信未來他將更受推崇：他是石谿、龔賢、石濤以後最偉大的山水畫家。

註釋

①潘天壽，〈回憶吳昌碩先生〉，《吳昌碩作品集》。

②張庚，《國朝畫徵錄・髡殘傳》。

③陳凡輯，《黃賓虹畫語錄》。

④朱省齋，〈黃賓虹博學多聞〉，《畫人畫事》。

⑤汪己文、王伯敏合編〈黃賓虹年譜〉，《黃賓虹畫集》。

⑥關於黃賓虹的生平，一九八五年上海出版的《黃賓虹畫集》後有汪己文、王伯敏合編之〈黃賓虹年譜〉，詳盡精審，為歷代中國畫家所未有。此外，王伯敏著《中國畫家叢書》之《黃賓虹》一冊，也有詳細敘述。

⑦黃賓虹最愛吟的一聯詩句，不知是自製或前人所製。原來整聯為：「何物羨人，二月杏花八月桂；有誰催我，三更燈火五更雞。」

⑧王伯敏，《黃賓虹》（《中國畫家叢書》）。

⑨汪己文、王伯敏合編，附在《黃賓虹畫集》之後，並說明尚有無法搜集齊全的其他文字及現藏浙江省博物館黃賓虹遺留手寫雜誌稿一木箱未列入「摭錄」之中。

⑩同註③。

⑪段拭，《虹廬受學札記》，《藝林叢錄》第五編。

⑫同註⑪。

⑬黃賓虹，〈雜論之一〉，同註③。

⑭以上均同註③。

⑮潘天壽，〈黃賓虹先生簡介〉，《黃賓虹畫集》。

⑯見註⑧同書第十八節。

⑰黃賓虹，〈雜論之一〉，見註③同書。

⑱同註⑪。

⑲霞菲，《黃賓虹評畫語錄》，《藝林叢錄》第二編。

黃賓虹
代表作選

大竹島黃鵬隱在
九龍东北海口

宋代擅名江
景有燕文貴
江參然燕善
點綴失之細碎
江法雄秀失之板
刻用長捨短
當有卓識
石田又

設色山水

|設色山水

蜀游山水

用漬墨法寫蜀游山水
賓虹

陽朔山水
1947年

山水
1947年

宕渠安漢墊江
三縣本古賓國
漢置縣梁改始
安元名廣安今
仍之邑有天池
岩洞澄寒成為
巨陂近百餘年
新闢勝地余
曾泛舟其中
寫一圖之
丁亥年四月
賓虹

山中夜行圖

200—大師的心靈

桃花溪
1953年

徐悲鴻

汲西潮以沃中土

時代背景

中國繪畫，隨著近代中國社會的大變遷，從傳統黃昏的暮氣沉沉中，最後展現了光彩奪目的夕陽；從老樹槁木上冒出了最後的新枝。金石畫派的幾位大師，綜結了三千年的舊文藝的精髓，展現了歷史悠久的文人畫的終局。自此，中國繪畫面對一個數千年未有的困境。不論是京派、海派，乃至全中國各地的繪畫，已奄奄無生氣，皆以摭拾前人規範，仰賴傳統的殘羹冷飯來苟延殘喘。中國社會與中國文化要向何處去？現實的境況顯示西方文化從器物、技術、制度到觀念，都是中國自救圖存不能不借鑑、學習、採納的對象。於是「西法」成為救國靈丹。

在新舊交替，中西相遇的清末民初，中國繪畫如何跨越歷史的分水嶺，進入一個全新的時代，需要管領新時代風騷的人物。徐悲鴻正是揭開這個新時代序幕的大將，中國繪畫現代化的急先鋒。

在徐悲鴻前面最後一位畫家黃賓虹誕生的時候（一八六五年），正是曾國藩派第一位留美學生學成回國的容閎赴美購買機器，成立江南製造局，並翻譯西方科技書籍的時代。而比徐悲鴻還遲生四年的張大千，則一生自外於近代中國現代化的歷史主流，閒雲野鶴，跳不出守舊復古的「傳統主義」的窠臼。我們可以看出，在十九世紀末，二十世紀初，當中國在政治、經濟、技術、社會上進行了石破天驚的現代化運動，有魏源的「師夷長技以制夷」、康梁的變法自強、孫中山先生的辛亥革命、新文化運動、五四運動等震撼中國近代史的大事，但是藝術界普遍的現象，似乎一時尙解不開戀古的情緒，往往落在時代的後面，當然遠不只張大千一人而已。比黃賓虹晚生三十年，同卒於五〇年代的徐悲鴻之所以在這一段歷史時期中光彩鋒芒不可忽視，便因為他是時代的覺醒者。雖然他當時提倡的「中國畫改良論」，在傳統畫壇眼中被視為異端邪說，受到百般挫折與打擊，但他並不是藝術的「全盤西化」論者，他所倡導的現代化方向，終於戰勝復古主義。徐悲鴻對於西方的繪畫，固然極為精到，對於中國書畫，也頗具修養。徐悲鴻成為管領二十世紀初期中國畫壇的大師，是當仁不讓。在他的身上，已為後來的中國畫家塑造了新一代的典型。汲西潮以沃中土，是本世紀中國繪畫新傳統的總趨勢，徐悲鴻正是第一代最主要的開路先鋒。

生平回顧

徐悲鴻，原名壽康。一八九五年（清光緒二十一年）七月十九日生於江蘇省宜興縣屺亭橋（在太湖西三十里），一九五三年九月二十六日因腦溢血逝世於北京醫院，時五十八歲。徐悲鴻一生只用「悲鴻」這個名字，沒有像舊時代其他傳統畫人那樣別字別號一長串。「悲鴻」二字的來源，據鄭理在〈徐悲鴻年表〉中所說：一九一三年，十八歲的徐悲鴻得一子，他父親為孫子取名「吉生」，他卻堅持要為兒子取名「劫生」。徐悲鴻是被父親逼婚逃走後，被父親抓回來完婚才生此子。為了表示反抗，一氣之下，自己也改名「徐悲鴻」①。

祖父硯耕公在洪陽之亂後，「力作十年，方得葺一椽為廬于橋之側，以蔽風雨，而生先君。」②父親徐達章，號成之，是一位自學成功的畫家，靠鬻字賣畫為生計，卻很有點高情雅藻。善寫生，宗造物，親友鄰佣乞丐，皆為寫像。又曾描繪宜興名勝，成「荊溪十景圖」。於書法、篆刻、詩文，也皆所擅長。在「課子圖」題有詩云：「無才濟世懷慚甚，書畫徒將硯作田；落落襟懷難寫處，光風霽月學糊塗。」其篆刻印文有：「半耕半讀半漁樵」、「兒女心腸，英雄肝膽」、「閑來寫幅丹青賣，不用人間造孽錢」等。③

徐悲鴻自幼耳濡目染，對繪畫發生興趣。七歲學書，便思學畫，為父親所不允許。「九歲既畢四字書，及詩、書、易、禮，乃及左氏傳。先君乃命午飯後日摹吳友如界畫人物一幅，漸習設色。十歲，先君所作，恆遺吾敷無關重要處之色。及年關，又為鄉人寫春聯如『時和世泰，人壽年豐』者。」「余年十三四，吾鄉連年大水，人齒日繁，家益窮，先君遂奔走江湖，余亦始為落拓生涯。時強盜牌卷煙中，有動物片，輒喜羅聘藏之，又得東洋博物標本，乃漸識猛獸真形，心摹手追，怡然自樂。年十七，始遊上海，欲習西畫，未得其途，數月而歸，為教授圖畫於和橋之彭城中學。」十九歲，父親去世，徐悲鴻一人挑起全家八口生活的重擔，不得不兼三校教職，每日步行數十里往返三校間。同事有國文教員張祖芬，對徐悲鴻有意離家到上海半工半讀之志向頗加鼓勵，並以「人不可無傲骨，但不可有傲氣」為臨別贈言，徐悲鴻引為「入世第一次所遇之知己也」④，一生服膺不忘。

二十歲，徐悲鴻懷著大志到上海闖天下，向不可知之未來挑戰。歷經種種困頓艱辛，看到人間多少勢利炎涼，也得到許多人間溫暖、誠摯友情與知遇之恩。

第一個幫助他的是當時在上海中國公學擔任教授的同鄉徐子明，介紹他到復旦大學和商務印書館工作，兩次都碰了壁。徐悲鴻流落上海，連房錢都付不出，灰心喪志，一度打算跳黃浦江自殺。幸虧有兩位姓黃的恩人，鼓舞了徐悲鴻不屈不撓的鬥志。一位是商務印書館門市部營業員黃警頑；一位是頗具鑒賞力的商人黃震之。他們在物質與精神上對徐悲鴻的支持，使這一位未來的大畫家度過了辛酸的少年時代，繼續他未竟的志業。

民國五年，徐悲鴻考入法國辦的教會學校震旦大學習法文。自此逐漸擺脫惡運，一步步向上追求。他報考震旦大學時，用的名字是「黃扶」——用以表示對黃警頑與黃震之兩位先生的扶持的無限感激。徐悲鴻學習法文，早已有心要到巴黎學畫。

當時嶺南畫家高劍父、高奇峯昆仲在上海開一家展售書畫的「審美書館」，他兄弟對徐悲鴻的馬，讚美不已，曾說「雖古之韓幹無以過也」，並曾約請繪仕女圖四幅，並代為售畫，解決了經濟問題。又因哈同園附設的「倉聖明智大學」徵求倉頡畫像入選，得到哈同夫人羅迦陵延為上賓，聘為該大學的美術指導。徐悲鴻遂漸漸向當時的「上流社會」攀援，認識了維新派大將康有為，及大同國文教授蔣梅笙，而與蔣女棠珍（即後來徐悲鴻由她改名的蔣碧薇）鬧了一場戀愛、私奔、衝突乃至離異的悲劇。徐悲鴻與蔣小姐私奔到日本，看到日本二十世紀初期畫壇自明治維新以來的蓬勃發展，對西方藝術的吸收、融合，給年輕而有大志的中國畫家徐悲鴻莫大的啟發，也使他自己更確定他未來在中國畫壇上所將扮演的角色，就是吸取西方，改造傳統。

半年之後，徐悲鴻從東京回上海，經康有為的引導與推介來到北京，結識了康的學生羅癭公，並一同拜晤北大校長蔡元培，受到蔡校長的器重。北大沒有美術系，故專為設立了「畫法研究會」，聘徐悲鴻為導師。在北京，故宮的藏品和富商名人的收藏，使徐悲鴻眼界更開闊，而勇猛精進的徐悲鴻，與守舊的國粹派完全不同，他結交的文化界名流，都是當時新思潮的人物如陳師曾、李石曾、梅蘭芳、魯迅等人。一九一八年徐悲鴻寫了〈中國畫改良論〉，在北京《繪學雜誌》第一期發表。一九一九年，五四運動的前兩個月，經由蔡元培推薦，中國教育部部長傅增湘給予徐悲鴻官費到法國留學，乘坐的是一艘日本輪船，航行五十天，經太平洋、印度洋，過紅海及蘇伊士運河，五月到倫敦，參觀了大英博物館、皇家畫會畫展及許多希臘雕刻。五月中到巴黎。

徐悲鴻在巴黎先學素描，然後考入國立巴黎最高美術學校，拜大畫師達仰為師，又曾隨德國柏林美術學院院長，畫家康普學畫。一九二七年（民國十六年）八月，結束了八年歐洲留學生活回到上海，與田漢、歐陽予倩等人創辦「南國藝術學院」，任藝術系主任。不久，應聘為南京中央大學藝術系教授。翌年秋，蔡元培邀請他到北平任北平藝術學院院長，這時候徐悲鴻不過三十三歲。從此，徐悲鴻以美術教育與繪畫創作為畢生志業。他甚至曾多次說到「美術教育是他第一位的工作，創作活動則居第二位」。⑤

大陸赤化翌年，「中央美術學院」在北平正式成立，徐悲鴻就任第一任院長。一九五三年九月二十三日因腦溢血症復發，二十六日逝世於「北京醫院」，時五十八歲。遺體安葬在「北京八寶山革命公墓」。十二月「中國美術家協會」、「中央美術學院」舉辦「徐悲鴻遺作展覽會」。又一年，「徐悲鴻紀念館」揭幕，館內陳列遺作、遺物及他生前珍藏的古今中外名作。一九五七年由徐悲鴻最後一任妻子，三十歲的廖靜文任館長。文化大革命時期，徐悲鴻紀念館被砸爛，九年後重建，已不復當年「悲鴻故居」的面目。⑥這一位為「人民」而奮發工作的大畫家，復受到「人民」可怕的糟蹋。所幸畫家短命死矣，遂免除了後來像潘天壽、老舍等老人所受的屈辱與殘踏。

爭議與平議

徐悲鴻是本世紀中國畫壇第一代到西方留學的傑出畫家。本世紀以來，出國留學的畫人太多了，尤其在大陸赤化以後，以及自由中國在台灣這三十多年來，到美國或歐洲學畫的青年差不多可以用「如過江之鯽」來形容。但是，我們回溯這七十年來的歷史，難以不無今非昔比之歎！

中國第一代留學生到歐美去「取經」，為的是回國來為中國藝術的現代化貢獻心力；但是其後第二代、第三代，動機與目的大有改變，不少人為的是投靠西方，能成為西方藝壇的附驥，便可驕其同胞；即使只是以藝技謀食西方社會，亦自鳴得意。而「學成」歸國的，不外是販賣那一套仿學自西方的現代主義繪畫，不但缺乏學習西方是為了發展中國繪畫的抱負與使命，而且回過頭來對中國傳統不屑一顧，甚而嗤之以鼻。但徐悲鴻完全不同。不同之處在於：第一，徐悲鴻出國之前對中國繪畫已有深入認識，而且已經是令人刮目相看的水墨畫家（與陳師曾一起被蔡元培聘為北京大學畫法研究會導師），為梅蘭芳作「天女散花圖」，畫了「西山古松柏」等畫，所畫的馬已備受高劍父昆仲讚美。⑦第二，他初次出國，到日本東京考察東洋美術，「乃鎮日覓藏畫處觀覽。頓覺日本作家，漸能脫去拘守積習，而會心於造物，……」⑧徐悲鴻受到日本畫壇新潮的影響，對中國畫之革新已成竹在胸，所以一九一八年即寫成了〈中國畫改良論〉。第三，他到歐洲學習，目的在回國重振中國繪畫。根據蔣兆和的回憶，徐悲鴻曾親切地對他說：「在藝術上要走寫實的路，應該在我們國家多培養這樣的人才。我學西畫就是為了發展國畫。」⑨第四，徐悲鴻面對西方自本世紀初新興的現代派的形形式式，不是抱著盲目膜拜，急切追隨的心態，而是以批判的態度，去選擇汲取，學習並引介到中國；要以西方的有益營養來促進中國繪畫的革新。我們如果看看五〇年代以後出國學畫的中國人的自述，便更明白與徐悲鴻面對西方文化的心態是如何不同：

> 我到紐約時，正是普普末期，至簡藝術(Minimal Art)剛剛開始，……因此，初抵紐約，第一個感受的衝激是：自己的畫似乎有點與生活脫節。……那時看多了，就慚愧自己在國內畫的都是抽象表現義之後的東西，……我到紐約一年半之後，開始畫畫，畫風近Minimal Art，不久就開畫展，展出成績還過得去，但是自覺無法繼續下去，於是在畫中加了形象，坦白說是受普普和早期照像寫實的影響。畫友們認為我很敏感，說好聽是敏感，說不好聽是學得快，我把在國內詩畫的畫放在一邊，但並不是否定他們，只是嘗試用新技巧新工具來畫。⑩

不少人批評徐悲鴻，一種意見認為他阻礙中國現代美術的進展，使中國比西方落後；另一種意見是他把「寫實主義」引進中國，既破壞中國繪畫傳統，又喪失了西方精神。我在〈西潮的反響〉⑪一文中有「說徐悲鴻」的一段，列舉了晚近中國畫家中幾種對徐悲鴻否定意見的批評：

> 在台北西化派的畫論裡，二十年來不止一次有過埋怨中國藝術比西方落後若干

年的說法。有人曾說因為趙無極當年不回國，「以致使中國新藝術運動遲了將近三十年。」⑫有人說，徐悲鴻的「藝術觀與現代西方的距離，有著一個世紀的遙遠。⑬也有人說「徐悲鴻被許多人認為是中國藝術的教育大師，我個人覺得徐悲鴻的錯誤藝術思想，把中國藝術思想拉回了四十年，徐悲鴻的膚淺的中西合併思想，美其名是藝術大眾化，但經過他手中，喪失了東西方的優秀傳統，貽害很深。」⑭「國內大師徐悲鴻先生，他出國並沒有了解西方文化，也沒有想去了解西方文化的態度，我甚至聽說他對中國傳統文化都沒有深入了解，這是一個大問題，他嘗試把西方繪畫最表面的寫實態度，溶合到中國繪畫的大寫意中，破壞了整個中國繪畫的傳統，而沒有得到西方繪畫的精神……。」⑮

這些否定的意見，雖然發自少數第二、三代居留西方，並追隨西方現代主義的中國畫家的意見，但也代表了晚近中國畫壇西化派畫家對徐悲鴻的貶抑。我為徐悲鴻辯護，有過兩次文字發表。在一九七九年五月為紀念「五四」六十週年，我在《中國時報》人間副刊寫了〈五四以來中國美術的回顧與前瞻〉，裡面說：

「我以為徐悲鴻不愧為一位有見地的中國美術教育家，更不愧為一位有個性，有自我判斷，有自信的中國畫家。他摒棄西方『現代主義』中頹廢、虛無的部分；摒棄野獸派、立體派、抽象派、達達派等他認為是形式主義的東西，擷取西方的寫實主義來補救中國畫自元朝以降因襲、蒼白、師古人不師自然的弊病。事實上，中國美術的振興，若不從這條路出發，必無從下手。在中國畫壇只會閉門模仿古人粉本，畫人物則方巾高士、櫻唇美人，連畫一個活人都束手無策的境況中，試問如何從立體主義、達達主義、抽象主義中求振刷中國藝術之路？」

「……說徐氏胸襟不開闊，沒有把西方『現代主義』悉數引入中國，以致中國美術落後……都是大誤解。我們要問：為什麼中國美術的現代階段必須成為西方的翻版？西方現代美術的進程與流派，豈必成為中國的標尺與內容？」

「依我的看法，上述兩種言論，正表現了二十多年來一部分中國美術家對西方現代主義俯首稱臣的事實本質。而徐氏對西方美術有主見、有選擇、有批判的吸收與捨棄，正表現了一位真正藝術家的懷抱。我們且看近二十多年來我國有多少盲目追隨西方的現代主義畫家，他們所提倡的『現代畫』正是西方的皮相的抄襲。雖與西方的『現代主義』距離極近了，但是，這樣的卑屈，豈是現代中國藝術的正果？」

「徐氏在油畫及水墨畫上的傑出表現，可以說是將油畫引導到『民族化』的道路上去；而其水墨，則融滙了西方寫實的技法，使它逐漸朝『現代化』邁步。論成績之輝耀，方向之明確，影響、貢獻之大，徐氏是首屈一指。」⑯

在〈西潮的反響〉一文中，我對徐悲鴻除了表示與上文相同的意見，又說：

西方近代以降的文化、藝術沒能全面地，有系統、有計畫地介紹到中國來，誠是遺憾。但我們想想徐悲鴻的時代正是列強侵迫，軍閥混戰，國家衰弱，民生凋敝。中國的政治家一向大都對文化藝術缺少關注，所以我們對歐美文化學術藝術的介紹與翻譯，直到今天，尚遠不如日本，責怪徐悲鴻沒把西方現代主義藝術悉數介紹回國，未免對當時國家的處境與一個藝術家個人的能力與條件缺少同情的了解。不過，更重要的是，責難徐氏的這些現代中國人，並不了解一個有獨立人格的中國藝術家，斷不可能不加批判地對西方印象主義以降的現代主義照單全收而頂禮膜拜！

一個中國藝術家到西方取經，他經過研究、了解、選擇了他認為有益於中國藝術的東西，揚棄了他認為無益的、虛無頹廢的，這是批判地接受的正確態度。儘管他個人所選擇的，容或不無偏見，但有所選擇本身是對的。把西方的東西不加批判的接受，事實上也不可能與中國文化連結成一有機的生命體。經過近八十年來的中西文化論戰，到今天我們總算相信斬棄傳統的現代化是條通往斷崖的絕路。⑰

我對徐悲鴻的見解，到現在還是如此，如果說因徐悲鴻一人的「偏見」而誤導或阻抑了中國「現代畫」的發展，才正是無法令人信服的偏見。徐悲鴻對西方有批判地吸收，無論如何是高明的態度。不過，徐悲鴻醉心於西方的寫實主義，固然帶來了許多有益的影響——革除了傳統中國畫陳陳相因，遠離現實人生的積習，使中國水墨畫面對鮮活的現實中的人物有了表現力；而西方謹毛失貌的寫實主義，與中國繪畫追求「意象」的藝術哲學，自不無某種程度的扞格。如果說中國畫現代化多元的發展是正確的方向，則融入西方寫實主義的水墨畫，也自當為多元價值的一部分，不應全然排斥或低貶。不過，如果中國水墨畫傳統中的「意象」為「寫實」所取代而淪亡，當然也是莫大的損失。這都有待後來者斟酌取捨，藝術的盛衰遞變，何能依賴或歸罪於徐悲鴻一人？

徐悲鴻的寫實主義，過分講「理」，這種西式的「合理主義」使徐氏的某些作品缺少了中國水墨畫的靈動與含蓄，而顯出僵硬、板滯。這應是徐氏自己作品的大缺點，但我們不能過分苛求第一代開山的大師。任何開創性的工作總不能立臻完美。肯定徐悲鴻在現代中國繪畫開路先鋒的地位，並不等同於讚美他的實驗已經盡善盡美。事實上，任何大畫家都有其局限，徐悲鴻當然更不例外。

獨鍾寫實

自從西方現代主義掃蕩全球，除了與西方世界頗為隔絕的「落後國家」，如非洲與印度等地之外，邁向「開發」的國家莫不在藝術的觀念與表現形式上受到莫之能禦的衝擊。今人把繪畫一分為二，曰：「具象」與「抽象」。似乎繪畫一事，非具象即抽象。有人由此推論，認為由具象向抽象邁進是「進步」。具象便成為繪畫表現的「低級階段」，抽象是「高級階段」；具象是「描寫性」的，抽象才是「表現性」的。介於兩者之間則有所謂「半抽象」者。我認為這都是由於因襲西方現代主義觀點而生淺陋的偏見。中國繪畫，從來就擺脫了具象與抽象的二分法，也不是「半抽象」，而是走「意象」的創造之路。中國畫如果要以什麼「主義」來稱呼，我認為應稱為「意象主義」。我在〈說意象〉一文中曾說：「中國畫要表現的不是客觀的實在，而是主客觀渾然一體的意象。」

「意象」一詞，劉勰《文心雕龍》的〈神思〉篇中首先出現。中國畫論有「得意象外」，與劉氏之意近。但得意象外，不免飄然遠引，大有玄學之味。我們現在應該說為「得意象中」，或「象中有意」。以英文image譯意象最近。意象就是造型，造型是主客觀統一的形式。……凡優秀的中西藝術都是意象的創造，只不過西方的「意」重邏輯的概念，中國的「意」重感性的直覺，如此而已。⑱

徐悲鴻的〈中國畫改良論〉寫於一九一八年，其中的名言是「古法之佳者守之，垂絕者繼之，不佳者改之，未足者增之，西方畫之可采入者融之。」到今天來看，還不失為妥貼穩健，清楚明白的原則性見解。當然，什麼是「佳者」與「不佳者」？什麼應「改」？什麼應「增」？什麼是「可采入者」？如何「融」法？每個畫家都應有自己的判斷，無法一致，也不必一致。

中國繪畫雖然並非全無寫實的傳統，尤其是以宋徽宗為首的宋代院畫及其流衍，允稱中國傳統寫實畫派的高峯。不過，中國的寫實手法與西洋寫實主義並不相同。嚴格而言，西洋式的寫實主義在中國從來不曾有過，而中國的寫實，卻有濃厚的「本乎立意而歸於用筆」的傳統特色。所以帶有強烈的「意象」色彩。徐悲鴻是深諳中國書畫的人，他覺得歷史過於悠久的中國水墨畫如果不來一番根本的改造，很難面對現實世界，介入人生生活，終歸只是文人雅士的筆墨遊戲而已。針對中國畫，尤其是人物畫的衰弱，他引進西方寫實主義的觀念與技法，包括人體解剖學、體積、光線等中國傳統繪畫長期忽視、輕視的因素，冀圖重新創立一套筆墨語言。僅就為中國繪畫增加一個新觀點，醞釀一套新表現方法上言，徐悲鴻有他卓越的貢獻。論影響之巨，近數十年來幾乎沒有任何一位中國畫革新派畫家所能相提並論。我們回頭看，嶺南畫派的高氏昆仲，所影響的主要也只在廣東的一部分畫家而已，而且自從嶺南派在香港、台北沾染了過多商業色彩，成為「樣版」之後，已急遽沒落。早期的另一革新健將，有「藝術叛徒」之稱的劉海粟，在油畫上主要以野獸派為依皈，並不鼓吹寫實，他的影響力也微乎其微；同樣留學巴黎，油畫宗超現實主義與表現主義的林風眠，他個人以水墨畫成就了近代第一流的畫家，但他繪畫思想的影響力也不及徐悲鴻之深廣。所以我們可以明白，寫實主義在中國的受重視，不全由徐氏一己的偏愛，而是「切中時弊」，為中國繪畫新歷史階段所需要，而能深得人心的結果。徐悲鴻之後的蔣兆和、張安治、宗其香、李斛等畫家，乃至大部分現代水墨人物畫畫家，很少不曾受到徐氏的影響與啟發。而近數十年來大陸各省傑出的水墨人物畫的成績，與徐氏的倡導之功，無法分開。

徐氏於西法獨鍾寫實，是他的慧眼，也是他自負振興中國藝術的使命感所驅使。他在〈新藝術運動之回顧與前瞻〉文中說：「總而言之，寫實主義，足以治療空洞浮乏之病，今已漸漸穩定。此風格再延長二十年，則新藝術基礎乃固。爾時將有各派挺起，大放燦爛之花。」而他之提倡寫實，更有時代的因素使然。他最早看出「歐洲大戰以來，心理變易，美術之尊嚴蔽蝕，俗尚競趨時髦」，認為我們應該吸收西方的精華，反對一切的形式主義。而徐氏的寫實主義是廣義的，自古典主義、文藝復興、浪漫主義、現實主義，甚至對「印象派在光色運用上的特長，他認為是油畫技術的革新和發展」，對杜米埃(Daumier)與格里柯(Greco)的誇張和變形，也認為「是高明的藝術手段」[19]。

任何歷史人物皆受制於當時歷史時空的條件，故評價歷史人物，便必須將他置於該歷史時空中來衡量。徐悲鴻是現代中國畫的開拓者，即使徐氏受到西方寫實主義的限制，而有其局限，但是如果沒有開山人物的「獨特偏見，一意孤行」[20]，便很難有一個別開生面的局勢，也便不可能有後來新興中國水墨人物畫的花果紛繁。

師承

徐悲鴻最崇仰的西方繪畫大師，有文藝復興的達文西(Da Vinci)、米開朗基羅(Michelangelo)，十七世紀的魯本斯(Rubens)、林勃蘭(Rembrandt)，十九世紀的米勒(Millet)、庫爾貝(Courbet)，浪漫派畫家德拉克洛瓦(Delacroix)，雕刻家羅丹(Rodin)，德國人道主義、現實主義畫家門采爾(Menzel)、珂勒惠支(Lollwztz)等等。而他留學法國時所師承的老師達仰(Dagnan-Bouveret, 1852-1929)、高爾蒙(Cormon, 1845-1924)、勒帕熱(J. Bastien-Lepage, 1848-1884)等，根據旅法畫家陳英德在〈從大陸出版的徐悲鴻研究談徐悲鴻留學法國時的師輩畫家〉中所說，這些畫家都屬於法國學院派藝術趨向衰頹期的畫家。一八三〇年到一八八〇年是法國沙龍繪畫的黃金時代，被目前一般法國文藝人稱之為「矯飾藝術」(Pompier：矯飾的、誇張的、因襲的、陳腐的)，這是受到新古典主義大師大衛影響的學院派風格，喜歡畫自古代希臘—羅馬的神話題材。其中最著名的畫家梅桑尼葉(Meissomier, 1815-1891)的「法國出征」為羅浮宮所收藏。他是學院派大師的大師，十九世紀畫家中的「神」，超現實主義畫家達利(Dali)最激賞這幅畫的氣氛和細節的畫法，認為他比塞尙偉大。

達仰是典型的學院派畫家傑宏姆(Gerom, 1824-1904)的傑出學生，也喜歡畫荷馬史詩及神話題材，有名的作品如「在沙巴得的瑪格麗特」(Marguerite au Sabbat舊譯名為：瑪甘淚），取材自歌德的詩劇《浮士德》中的悲劇角色！與達仰同時代的學院派畫家勒帕熱和高爾蒙，也對徐悲鴻有很大影響。高爾蒙一八八六年取材《聖經》畫了「該隱之逃亡」，聲名大噪。他為人寬厚仁慈，學生最眾，不過也很諷刺地產生了反叛學院的現代畫大師如羅特列克、梵谷、馬蒂斯等。陳英德說：「可見最保守的學院教師門下也能激起有創意的學生去開創藝術的新天地。」㉑

毫無疑問，徐悲鴻回國以後所作一系列神話、傳說、歷史故事的巨製，正如陳英德所說是「受到法國師輩畫家的觀念啟示」。不過，陳英德批評徐氏這些作品「也像他的生活於唯美時代的師輩畫家作品一樣都有很多的主題說明內容，但也像他們一樣用矯飾、造作安排一個戲劇場面，尤其是他的一幅用中國筆墨所畫的『山鬼』作品，可謂達到法國學院派繪畫中『壞格調』頂點。」我認為批評徐氏在巴黎沒能「對法國繪畫上的保守和進步的藝術風格有所區別和認識，……他對當時新藝術的反應，幾乎也是整個地承襲學院裡師輩畫家的看法」，因而對徐氏有所遺憾，有所責難。但是，我們又豈可以今日西方現代主義的觀點來否定徐氏當年以法國帶回來西方的寫實方法企圖改造陳腐僵化的中國畫的宏願？事實上，「山鬼」一畫，雖然不無瑕疵，但是，以水墨畫畫寫實的裸女，在當時是一大挑戰。半世紀以來，中國人物畫能突破傳統仕女、高士的窠臼，徐悲鴻首創之功不可沒。他的「愚公移山」、「九方皋」，以及油畫的「田橫五百士」、「徯吾后」等經史寓言巨製，在中國畫壇所投下巨大的影響力，也當不可忽視。

引入學院派、寫實主義是徐悲鴻常被詬病的地方。如果徐氏引進印象派、立體派或抽象主義，對中國畫壇又如何呢？徐氏之後，最近這數十年來，西方哪一畫派、哪一主義沒有在中土「如響斯應」過？結果是中國的本土繪畫還是高士仕女、梅蘭竹菊，而中國的「西畫」，便是西方藝術的殖民地——這是任何人所無法否認的。

徐悲鴻的見解與努力容或有不足之處，但他汲西潮以沃中土的宏願與用心，應得到歷史的肯定。「最保守的學院教師門下也能激起有創意的大師學生去開創藝術的新天地」——這句話用在徐悲鴻身上也相當適宜——徐氏豈不也期待後來者「各派挺起，大放燦爛之花？」

評價

在近代中國大畫家之中，徐悲鴻是新時代啟蒙大師。他有極強烈的民族文化觀念與時代使命感，抱負之大，自我期許之高，使他成為啟蒙時代的導師。近代畫家受到他的推崇、鼓舞、幫助與提拔者，不可勝數。如果沒有徐悲鴻慧眼識英雄，大力推許，任伯年恐怕沒有今日畫史上之地位；齊白石、李苦禪、蔣兆和、傅抱石、李可染等人，更直接因徐悲鴻的支持與勉勵，而走上成功之路。徐氏留歐八年，藉官費為生。在他的《悲鴻自述》中念念不忘，「計前後用國家五千餘金，蓋必所以謀報之者也。」在歐洲見大畫家傑作廉售，野心勃勃，四處籌款，希望買下來在中國建立美術館；又曾妄想「欲設法國大雕刻家羅丹博物院於中國，取庚款一部分購買其作」，都未能成功。但見其心懷壯志，為國家人才之發達與文化藝術之進步，殫精竭慮，何等可敬！

徐悲鴻好比胡適之，譽之所至，謗也隨之。對徐氏的批評，除了上面所述，其藝術思想偏於寫實主義與學院派之局限，為西化論者大加抨擊之外，對於他的藝術成就的評價，也多毀譽交加。依我所見，徐氏既為啟蒙人物，中國繪畫現代化之發端，徐氏功績最為輝煌，而其藝術所達到之水準，固然未臻最後成熟之境，而開山之功，影響之巨，半世紀以來，無可比匹，而且至今未衰。徐氏在百五十年間中國近代美術史上第一流大師地位，殆未可懷疑。

徐悲鴻一九二七年八月回國，三十二歲，到一九四九年大陸變色，其間全部歲月，只有二十年光景，努力於繪畫創作與美術教育。赤化之後四年，以五十八歲逝世，徐氏追求藝術的壯志未盡，實在是極可痛惜之事。這一百五十年來只有任伯年、徐悲鴻、傅抱石三大家在五、六十歲逝世，與其他都達到八、九十高齡的大畫家相較，可謂「短命」。而他經歷世變，一生在憂患、貧窮、多病渡過，正如他自述所說「吾生與窮相始終，命也；未與幸福為緣，亦命也。」

徐氏窮愁短命還不是他藝術造詣之敵，我以為徐悲鴻在藝術上最大之弱點，來自他的性格。因為過於入世，便帶功利之色彩；過於熱中政治，造成他的藝術缺乏深致，流於刻露。

徐悲鴻的作品，多有寓意，有寄託，而過於顯露，便不含蓄；說教與宣揚思想之心過切，便流於粗淺；政治意識過於濃厚，便近於傳達。這是徐氏之畫最大之缺憾。也許正因此緣故，他後來成為紅色政權的工具，不甘澹泊，死而後已，誠可悲憫。達仰移贈悲鴻柯洛（Corot）之名言：「毋舍己徇人」，徐氏竟未能「終身服膺弗失」。蓋因中土社會赤化後之劇變，藝術已難逃政治之箝制，徐悲鴻心中有痛苦，而眷戀名位，難免心為形役，也良堪惋歎！

註釋

①鄭理，〈徐悲鴻年表〉，《徐悲鴻的故事》。

②〈悲鴻自述〉，一九〇三年（三十五歲）為《良友》畫報所撰。

③廖靜文，《徐悲鴻一生——我的回憶》。

④以上括號所引均同註②。

⑤艾中信，《徐悲鴻研究》序。

⑥「徐悲鴻紀念館」在「文革」浩劫中的經過，見廖靜文在註③該書中「後記」，有簡略記述。

⑦同註①。
⑧同註②。
⑨劉曦林，《藝海春秋——蔣兆和傳》第二章第六節。
⑩《聯合報》聯合副刊訪問記中旅美畫家韓湘寧語。民國六十九年四月十五日刊。
⑪該文發表於民國六十九年六月三日至七日，已收入拙著《風格的誕生》一書中。
⑫劉國松，《中國現代畫的路》。
⑬謝里法，〈從中國近代畫史看徐悲鴻的繪畫〉，《徐悲鴻》，雄獅圖書公司出版。
⑭《時報雜誌》第十八期二十六頁，蕭勤語。
⑮同註⑩訪問記中蕭勤語。
⑯該文發表於《中國時報》民國六十八年五月二十二、二十三、二十四日，已收入拙著《風格的誕生》。
⑰同註⑪。
⑱〈說意象〉，拙著《風格的誕生》。
⑲以上所引均見艾中信，《徐悲鴻研究》。
⑳徐悲鴻自撰座右銘。
㉑上述有關徐氏留法時期的老師與法國畫壇情況，均採用陳英德在《藝術家》雜誌八十九期，一九八二年十月號中〈談徐悲鴻留學法國時的師輩畫家〉一文。

徐悲鴻

代表作選

女人體習作（素描）
1924年

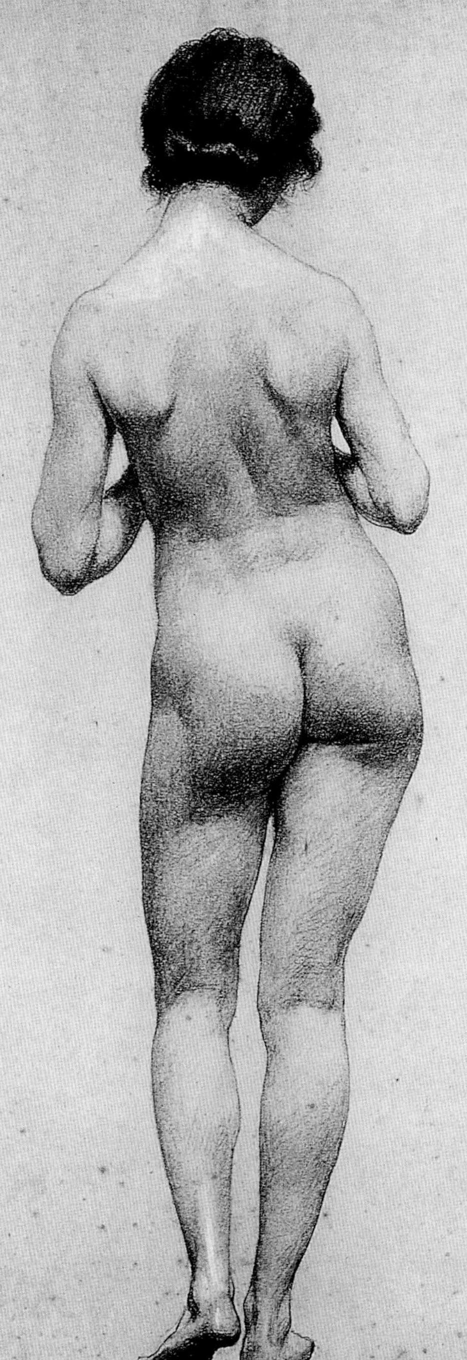

甲子仲春悲鴻

女人體習作（油畫）

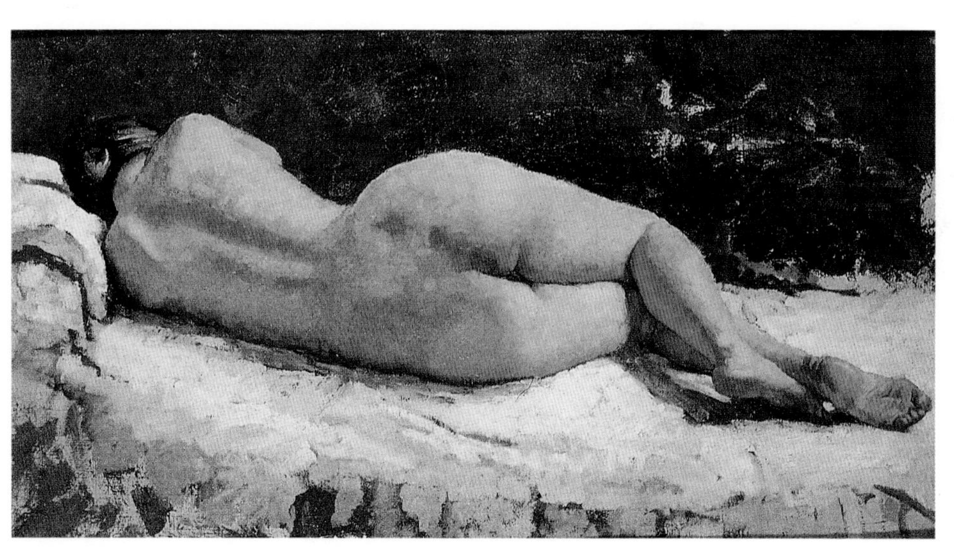

負傷之獅
1938年

負傷之獅
廿七年歲始
國難孔亟時與
麐若先生同客
重慶相顧不懌
寫此聊抒憂懷
悲鴻

喜馬拉雅山之晨（油畫）
1940年

愚公移山人物習作（素描）
1940年

泰戈爾像
1940年

愚公移山
1940年

群馬
1940年

靈鷲
1942年

李印泉像
1943年

卅二年六月十六日在化龍橋為
李印泉先生造象
國殤中執紼者稿
悲鴻

山鬼
1943年

慷慨悲歌，逆風孤鶩

林風眠

時代背景

二十世紀破曉的時候，林風眠誕生了。

一九〇〇年正是義和團起事，聯軍攻陷平津的那一年。林風眠比民國大十二歲；比啟蒙大師梁啟超小二十七歲；較胡適之小九歲；較徐悲鴻小五歲；較張大千小一歲。他成長的時代，是中國自鴉片戰爭（一八四〇年）開啟了「數千年來未有之變局」以來最危急痛苦的階段；也是十九世紀末葉，二十世紀之初，中國第一流的人才為中國民族與文化尋求出路——廣義的中國現代化運動歷史長程的開端。

近代中國的畫人，有的在苦難的時代中不敢面對時代社會與文化藝術生死存亡的變局，躲進傳統的堡壘中，蒙起眼睛，摀住耳朵，去做「高人雅士」的美夢，而也有與時代脈搏共振，抱持以創造拯救藝術，以藝術拯救民族前途為職志的勇者。林風眠就是其中出類拔萃的一位。

少年時代的林風眠便受到「五四」前後新思潮的啟發。認為以真正創造的藝術，來陶冶民眾，來重建人生的尊嚴，來激發同情心，來消除冷酷殘忍及自私……總之，以創造的藝術來拯救腐舊、因襲、僵死的靈魂，中國才有希望。

民國初年是一個愛惜人才，也因之人才輩出，而且惺惺相惜的時代。蔡元培聘請三十八歲的陳獨秀為北大文科學長（文學院長），陳即聘二十六歲的胡適為北大教授（一九一七年）。八年後，蔡元培發現藝術界的新星林風眠。一九二五年冬應蔡元培之聘回國任北京國立藝術專門學校校長兼教授。雖然林風眠留學期間，在美術創作上表現優異，受到彼邦人士所讚賞，但如果沒有遇到賞識千里馬的伯樂——蔡元培，以二十五、六歲的青年藝術家的身分而能榮膺此大任，得以大展鴻圖，實不可想像；而假如沒有像林風眠這樣既有創造的才華，有革新的大志，又有胸懷與慧眼的校長，不具備任何學位與資歷的齊白石被禮聘為藝專教授，更不可想像。

蔡元培的胸襟與見識，尤其他的美學與藝術論，有了林風眠這樣的知音，並在藝術教育上付諸實踐，才有了從北京藝專到杭州藝專的那一段中國美術教育史上輝煌的時代。

生平回顧

林風眠一九〇〇年十一月二十二日，也即清光緒二十六年庚子十月初一日誕生於廣東省梅縣境內山清水秀的西陽堡，白宮市，閣公嶺山村。取名紹勤，為林家長孫。五歲進學取學名鳳鳴。後來自署風眠。一九九一年八月十二日上午十時因心臟病、肺炎併發症逝世於香港港安醫院，享年九十二歲。

關於林風眠少年時代，馮葉在〈林風眠年表〉中說「祖父是雕刻墓碑的石匠，父親雨農先生是畫師並繼承祖業。先生從小隨祖父和父親學習石雕和繪畫。先生曾回憶道：兒時便當上了祖父的小助手，祖父對我非常疼愛，整天叫我守在他身旁，幫他磨鑿子，遞榔頭，看他在石碑上畫圖案，刻花樣。」①在李樹聲〈訪問林風眠的筆記〉中林自述：「七八歲時開始學畫，是以芥子園開頭的，掌握了中國畫的規律，工筆、山水都會畫，學會了中國畫的科班。」②又據鄭朝〈林風眠早年四題〉一文，記述他少年的片斷，裡面可窺他的畫藝成長的因素。「九歲，鳳鳴畫了一幅中堂松鶴圖，聞名鄉里。」他十一歲入新式高級小學之前在私塾已讀過《三字經》、《千字文》、《千家詩》、《鑒略》等書。而在梅州中學，最嗜讀《昭明文選》。且與同道組「探驪詩社」，任副社長，做舊體詩。後來成為中國現代象徵派詩人之祖李金髮就是他們的詩友。又因梅縣人到南洋謀生者甚眾，他常見海外華僑寄來有圖畫的書卡，那些西方繪畫「講究解剖、透視，色彩豐富，形象逼真，使他窺見一種嶄新的藝術、心嚮往之，這為他們以後出國學畫種下了遠因。」在梅州中學，他遇到了一位賞識他、激勵他的良師梁伯聰。「梁師因為家鄉出了這麼一位藝術天才引為自豪。梁師常在林的圖畫作業上打一百二十分，學生怪之，問梁師，梁師說：你們的畫如果能畫得和我一樣好，就該打一百分，他的畫比我還好，你說應否給一百二十分呢？」③家族父祖的薰陶，良師的鼓勵和教誨，使這早熟的少年，一步步朝藝術家之路邁進。而他早年對中國繪畫與文學的傳統與民間工藝的浸淫，奠定了他一生藝術創作的基調。

十九歲的林風眠在「五四」狂飆後數月，一九一九年年底，藉勤工儉學赴法留學。先入法國第戎(Dijon)國立美術學院，一邊補習法文，還打零工維持生活。此時他覺得細微寫實的西方繪畫是中國所沒有的東西，所以很用功學習，到博物館去也最愛看細緻寫實的畫。不久，第戎美術學院院長耶希斯(Yancesse)看到林風眠的畫大為讚賞，也同情他的清寒，特介紹他到巴黎國立高等美術學院學習，入柯羅蒙(Cormon)教授工作室習油畫④。耶希斯院長曾到巴黎探望林風眠，並對他說：「你是中國人，你可知道，你們中國的藝術有多麼寶貴、優秀的傳統啊！你怎麼不好好學習呢？去吧！走出學院大門，到東方博物館、陶瓷博物館去，到那富饒的寶藏中去挖掘吧！」「你要做畫家，就不能光學繪畫；美術中的雕塑、陶瓷、木刻、工藝……什麼都該學習；要像蜜蜂一樣，從各種花朵中吸取精華，才能釀出甜蜜來。」林風眠從此更重視中國自己的傳統，以及工藝美術中所醞藏的無盡的藝術源泉。他也擴大視野，突破細緻寫實的範圍，對印象主義及以下的西方現代發生濃厚的興趣。

一九二三年結束巴黎高等美術學院的學業，留學德國的熊君銳邀請林風眠到德國遊學。同被邀請的還有他的同鄉、同窗，一起赴法勤工儉學，在巴黎大學專攻法國文學和美術史的好友林文錚。熊君銳是二〇年代留德學生，也是中共旅歐支部負責人之一。當時中國熱血青年多有左傾思想，但當熊動員林風眠與林文錚參加共產主義運動，他們因誓為中國藝術運動貢獻畢生而未允諾。林風眠有藝術家的政治意識，卻始終不介入政治鬥爭，這是他超脫之處，也是他在大陸政治運動中屢受批鬥的原因。

林風眠在德國一年，創作了「柏林咖啡屋」、「平靜」以及描繪古代歷史故事，或以雨果、拜倫等大家詠史敘事詩篇為題材的許多油畫作品，還有寬二公尺，長四公尺半的巨作「摸索」。據一九二四年中國《藝術評論》雜誌記者楊錚訪問並目睹該畫所記：「全幅佈滿古今偉人，個個相貌不特畢肖而且描繪其精神，品性人格皆隱露於筆底。荷馬蹲伏地上，耶穌之沈思，托爾斯泰折腰伸手，易卜生、歌德、梵高、米開朗基羅、迦里略等皆會有摸索奧謎之深意，贊歎人類先導者之精神和努力。該幅巨畫，僅花一整天時間，一氣呵成，其速度之驚人，可與魯本斯媲美。」該畫為林風眠留學時期之代表作。一九二四年五月在斯特拉斯堡「中國美術展覽會」上展出，備受贊賞。此巨作與另一作品「生之慾」並入選同年巴黎秋季沙龍展覽。

一九二三春到一九二四春這一年間，除了上述大量創作，同時對北歐各繪畫流派有更多了解，並與好友林文錚切磋人生、學問與藝術，互相促進。因為「中國古代和現代藝術展覽」、林風眠嶄露頭角，初識蔡元培，並受到這位文化、學術與教育界的巨人的賞識，促使林風眠回國擔當美術教育的重任，這是他前半生光輝的起點。

與此同時，林風眠一九二三年邂逅德籍奧地利的方・羅拉小姐(Von Roda)。這位出身世家的孤女，與林一見鍾情。一九二四年春同回巴黎結婚。可惜這對戀人只有一年多甜蜜歲月。秋天羅拉因分娩感染熱病不治，嬰兒也旋即夭折。這是他的人生中頭一遭沈重的打擊。

厄運連連

時代的風雲與個人的命運，大振奮與大災難，大幸運與大不幸，在林風眠的一生中可謂波譎雲詭而悲壯哀艷。八〇年代我有幸在香港拜晤這一位隱於市的世紀風雲人物，也是我自少景仰的大畫家，並同他共進晚餐。我所看到的是如同客家農夫一樣質樸土氣而木訥內向的老人，很難想像他曾經是中國畫壇叱咤風雲的大將。

林風眠一生遭逢過人生很難有的幸運，又受過很大的打擊與痛苦。他少年留學，邂逅異國佳人羅拉，春風得意才一年多，愛侶猝逝，嬰兒夭折。後來的妻子「似乎一生無法彌補她的位置。在林風眠的書案上，長久地放著羅拉的照片；半個多世紀後，林風眠重返巴黎，還在尋找羅拉的墓！」⑤

另一個更大的災難是中國社會的劇變，這個天才畫家逃不掉不幸的厄運。有關林風眠在中國大陸數十年間所受的苦難的記錄很欠缺。據馮葉在「年表」中簡略記載了文革時林風眠偷偷把自己的畫毀滅的悲慘故事⑥。水天中在〈林風眠的人格美〉文中說到他不見容於左派：「五〇年代初，在對『新派畫』的大批判暫告段落時，林風眠識相知趣地離開杭州藝專，住進上海南昌路的那座陳舊的小樓，開始了他的退隱生活。……儘管他『遵紀守法』的過日子，十多年的退避生活仍然以捉進監獄告終。出獄後林風眠離開了傷透他的心的上海到香港離群索居，直到他離開這個世界。」邵大箴在〈他走在時代的前面〉文中有：

他遠遠走在時代的前面。我們時代由於本身的局限，給林風眠許許多多不應有的束縛，限制了他藝術才智的發揮，甚至一度剝奪了他的人身自由。……他的許多作品遭受劫難，晚年不得不遷居異鄉。……在林風眠身上又一次驗證了這樣一個樸素的真理：為時代所嬌慣的藝術家很少會成為大師，特別是成為有深刻悲劇精神的大師。⑦

更值得我們注意的是：林風眠幾乎在一九四九年政權易手之後不久便漸漸失去他在中國藝術界與教育界的影響力；一九七七年改革開放之初他獲准出國探親離開中國大陸之後，直到逝世十多年，他不曾也不想重蹈故國的土地。

假如沒有蔡元培這位「伯樂」，林風眠固然不一定成為王安石筆下的「仲永」，但絕不可能以二十六歲的年紀在美術界一展抱負而光芒四溢。這是林風眠一生最大的幸運，也是古今有才華的年輕藝術家少有的榮幸。蔡元培賞識他、支持他、鼓舞他，並兩次重用他創辦美術學校。林風眠對中國美術的理想與美術教育的抱負，在這一位知音長者的獎掖之下，大展鴻圖。

蔡元培在「北大畫法研究會演說詞」（一九一九年，剛好是林風眠赴法的同年）說：「今世為東西文化融和時代。西洋之所長、吾國自當採用。……彼西方美術家能採我之長，我人獨不能採西人之長乎？」林風眠回國之後，先為北京美專校長，後因與當政者不合辭職。一九二七年蔡元培榮膺大學院院長（全國最高學術教育行政機關）之職，聘請林風眠去杭州創辦「國立藝術院」（杭州美專的前身，今為「中國美術學院」）。在此之前一年，林風眠在北京發表〈東西藝術之前途〉中說：「西方藝術是以摹依自然為中心，結果傾於寫實一方面。東方藝術是以描寫想像為主，結果傾於寫意一方面。……因相異而各有所長短，東西藝術之所以溝通而調和……」蔡與林兩人在文化與藝術上的思想如此相合，自然惺惺相惜，所以能造就中國藝術教育史上光輝的一頁。抗日戰爭起，林風眠從教育崗位上退下，幾年之後，一九四〇年，平生知己、導師與支持者蔡元培逝世。此後林風眠開始了他孤獨悲辛，飽受迫害的歲月，也展開了他潛心於現代中國繪畫個人創造的漫長生涯。但「隱居」之後，林風眠似乎被遺忘了，直到他重新獲得自由，直到中國藝術擺脫了被視為工具的厄運，林風眠才被視為走在時代前面的大匠，歷史終於為誠懇艱辛的創造者預備了崇高的地位。

化衝突為調和

林風眠獨特的風格，放射出特殊的魅力。他的畫，在題材方面，有風景、人物、花鳥與靜物。但西洋畫與中國畫傳統的分類與畛域，都不能範囿，他是融洽中西，別開生面。不同的題材在他的畫中並沒有傳統中那種科別的分隔。不論什麼題材，林風眠的畫都有一種共同的精神素質「一以貫之」。一般畫家，「花鳥」不近乎惲南田則近八大山人；「山水」若不出自董、巨，便是石濤或石谿；人物則或似老蓮，或似任頤……這差不多是近代中國畫壇的通病。林風眠的畫，不論什麼題材，都自成「一家面目」。總而言之，他的畫不在描繪特定對象本身的動人，不在炫耀一家一派的「功力」，而是志在透過不同題材，從不同的角度表現他對宇宙人生的觀感；在於發掘情趣，體味萬象，創造獨特、鮮明而有個性的美感。林風眠的畫，是世間萬彙通過他的心靈所映現出來的富於人格精神的意象世界。

依我的淺見，林風眠最崇高的成就，是他能將許多本來處於對立、衝突的美感質素，在他的作品風格中達到完善的，毫無嫌隙的調和統一。

林風眠的畫是美感質素多元交融，而且是將許多對立又和諧的組合熔鑄成一種獨特的「林風眠風格」。我可以列舉出許多對立、衝突的素質，在他的創造性的整合中化為圓融統一的完美。比如：⑴豪邁——嚴飭。這是一雙對立衝突的素質。林風眠能使它們調和統一，即豪邁而不失精緻；嚴飭而不流於拘謹。⑵率性——精準。即率性而不流於浮薄空洞；精準卻又兼具兔起鶻落，雲行水流之自然。⑶單純——豐富。即單純而不簡陋；豐富而不繁縟。⑷天真——老辣。即天真而不稚嫩；老辣而不流於作勢。⑸質樸——富麗。即質實而樸茂；富麗而不甜俗媚人。⑹柔美——強健。即柔中有剛；剛中帶柔。⑺野逸——高華。即獷逸中有典麗；高華而不流於飫膩。⑻奔放——含蓄。即粗放而有斂藏；蘊藉而不柔弱。⑼沈鬱——昂奮。即悲愴而不失激越之情懷；昂揚中仍有淡淡的哀傷。⑽裝飾——草逸。即富於裝飾性的趣味，而不落板滯；逸筆草草卻重形式結構的均衡與韻律。以上所舉，大略是林風眠獨特風格的奧秘。不從這一個角度去欣賞，必難理解其風格特色的底蘊。

林風眠的畫，每能在欣賞者心腦間烙下深刻的印象。他的風景，以意境的營造取勝，題材大半非常簡潔。灰黑的天空，底下一列為晚風所偃抑的蘆草；天際與水涯間一抹慘白，一隻孤鶩或一排野雁正逆風掠過。粗獷、簡潔、質樸而老辣。或者河岸旁幾株壯碩的秋樹、火紅的樹葉夾著赭黃，以及為斜暉鑲了金邊的檸檬黃。樹林裡有幾間白牆黑瓦的民房。雄強、富麗、樸厚而充滿慷慨豪邁的激情。不論以什麼為題材，他的風景是自然的精髓與畫家的意趣、感懷所融合而成的「意象」。他的筆墨與色彩，有時極收斂，有時又極揮霍。他的畫的背後，總似乎可以聽到天籟，又可聽到藝術家對宇宙人生種種意味，種種感遇，種種情調與種種詭譎的窺探與發見所發的浩歌、歡唱、長歎與低吟。林風眠的畫是「視覺的詩」。古人在畫面上題詩，今人有以詩畫音樂配合的「創新」，似乎多餘；他的「視覺詩」不必多置一詞、多寫一字，也不必音樂來附庸，乃是純粹的獨立自足的「造型詩」。

以人體為題材，他似乎只崇拜女性。不論是女體的肉感、韻味與女性的氣質、神貌，林風眠所表達的是普遍的、永恆的女性的美。由形而下的肉體，提煉、抽繹成形而上的線型與色彩，表達了仰慕、膜拜與依戀之情。像莫迪良尼(Modigliani, 1884–1920)一樣，把女體當琴、畫筆作弓，反復變奏他的女性的頌讚曲，直到生命終了。林風眠的女性總有瓶花為陪襯。花開花謝，生命燦爛卻又何其匆促。最令人沈醉的美，卻伴隨著淡淡的淒迷與苦澀。其他的題材，如白鷺的飛動流轉的線條；富麗而野逸、恣縱的盆花；靜穆而充滿結構嚴謹又奔放不羈的靜物；至如柳堤海景、漁舟棲鳥，都表現了他由自然意趣與生命情調所提煉、所蒸釀而成的意象。他的作品，以莫大的激情，宣洩了淒美、荒寒、孤獨、悲辛、驚怖與乎壯闊、雄渾、豐盈、欣悅、渴望等等複雜豐富的感受。而極守其有餘不盡，收斂含蓄的原則；好似樂曲醞釀到高潮，便不再敷衍，戛然而止，留下無聲的餘韻。

林風眠深刻博洽中西藝術，他所吸收的營養，既多且廣，而且別具慧眼，在人類過去的成就中發掘了他人視而不見的瓌寶。種種不同的養分，都在他心靈中涵化，而創發成他個人獨有的手眼。西歐近代的印象主義、野獸主義、超現實主義，尤其是表現主義，加上中國的石刻、敦煌、民間瓷畫、皮影戲、漆器、民間年畫等等，吞吐吸納，創造轉化，造成他的繪畫既有時代的精神、世界的視野、民族的風格，加上他的天秉、才華、氣節與人格，便形成他強烈、鮮明的個人風格。

本世紀最具時代感的大師

如果我們對於林風眠的藝術成就不滿足於停留在感情上的崇仰，而要在理性上有更深一層的認識，便希望探索是哪些因素造成他藝術上的成就。在我看來，大概可分三方面來討論。

第一，林風眠的藝術創造與時代脈動相呼相應。用我常說的話，就是：他在藝術上的創造開拓，與中國文化現代化的大方向有共同的指歸。近代與現代的中國藝術家，有的自外於中國文化現代化的大方向，沈緬在崇古、摹古的迷夢中；有的則以西方的「現代畫」為依附，自詡前衛。林風眠不同於此兩者。他的方向是現代的、中國的藝術。

我們從他的畫風由醞釀到成熟；從他自二十五歲回國以後所發表的論評文字中，都可以體會到。在近代中國諸大畫家中，他是少數自覺地擺脫腐舊的傳統桎梏，批判地吸收西方之所長，具有開創現代中國繪畫新路的抱負，而將畢生的志業與中國現代化的歷史使命合流的畫家之一。從服膺蔡元培「以美育代替宗教」，宣揚藝術救國，乃至感時憂國、關懷民生、振興教育，都可以了解林風眠的藝術成就，不局限於一般以技巧、功力或藝術形式的新變，更由藝術思想、文化哲學擴大到社會與民族文化榮枯盛衰的全面關懷上。從他在三十歲之前所作的「民間」、「痛苦」、「人道」、「悲哀」、「金色的顫動」等油畫，以至一九八九年「天安門事件」後一口氣連作的「噩夢」（包括「痛苦」、「偽」、「囚」、「沈默」等），由青年到年屆耄耋，藝術創作不自外於國家民族的苦難，林風眠幾乎是唯一的典範，他是本世紀中國畫壇最具時代感的大師。

其次，林風眠是學術兼修，道藝相長的藝術家。中國的繪畫，不論觀念與技法，內容與形式，自元代以降，滯頓已久。似乎剽竊抄襲前人成就，即是中國畫家正業。若論讀書，孔孟之外，不外詩詞歌賦。而面對近代世界的變遷乃至中國文化與社會之危微播盪，欲明其原因，進一步欲求振興之路，若沒有世界知識，必如盲人瞎馬，不知去從。中國畫家以保存「國粹」為己任那種舊式文人習氣與狹隘的心胸，實在是促使中國藝術日益墮落的根本原因。林風眠之所以為傑出畫家，也正因為他在藝術之外，重視知識與學術；在技巧之上，更致力於觀念的探求。

從二十多歲起，林風眠不斷發表他在藝術上的種種創見。學理的探討、歷史的回顧、現象的批判、東西的比較，以及對中國藝術興革的呼籲，在六十年前，遠遠超越中國舊式畫家的封閉與孤陋。其勤勉、敏銳、獨到與熱誠，其胸襟、智慧與先知先覺的心靈，都是他的藝術成就的先決條件。沒有卓越的心靈，斷沒有卓越的藝術。他留給世人現存最早的一篇〈東西藝術及其前途〉寫於二十六歲（回國第二年），直到近六十歲以後才停止文字的寫作。一般人都只知林風眠的畫，讀了他早年熱情洋溢，說理深透又別有見地的文章，更能了解林風眠攀登藝術峰頂的原因所在。這是其他並世的中國畫家很難達到的修養與造詣。

第三，中外兼收，東西並蓄，是林風眠成就的另一個重要因素。近代以來，不少畫家喜歡自稱或被譽為「精通中西」。老實說，真正具備如此修養的畫家少之又少。稍微畫過一些素描水彩的「國畫」家，或模仿過幾筆蘭竹、山水的「西畫」家，對中西繪畫只有皮相的認識，奢言「融合中西」，那只是幻想。真正精通「中西繪畫」者，不只在技法上，在繪畫觀念上，還應在文化、歷史與思想等層面上對中國與西方有相當深入的了解才行。林風眠真正是深透了解中外藝術及文化的藝術家。他曾說：「將西方藝術的高峰和東方藝術的高峰相揉合一起，才能摘下藝術的桂冠，登上世界藝術之嶺。」但他不像後來許多以依附西方為歸宿的畫家一樣，以「西方」為「世界」。他常慨歎中國繪畫模仿、抄襲，「抱著祖先的屍體，好像正在欣賞著腐爛的臭味，不惜自禁在冷冰冰的墓洞中，拒絕一切曙光與新味。」因而他在批評中國，介紹西方的工作上，不遺餘力。而最後的目標，是在「把中國的文藝復興運動重新喚醒轉來，使成為中國前途一線稀微的光明！」在「實現中國藝術之復興」。拿西方的所長來攻錯、來滋養、來豐富中國的藝術，這就是林風眠畢生努力的方向。這與後來有人拿中國的形式材料去附會西方抽象表現主義，以及以西方現代主義馬首是瞻，大不相同。前後「三代」，可說是每下愈況，令人慨歎。

評價

林風眠的畫到底屬「中國畫」還是「西洋畫」？我認為有這個疑問的人，是因他對「中國畫」先存一個僵化「規格」的成見，所以對於與那個「規格」不盡相合的畫便發生疑問。我向來不贊成「國畫」（「中國畫」的省稱）一詞及其所指涉的固定化的「規格」。如果「中國繪畫」就是中國藝術家所作的繪畫作品，則不管它是來自傳統的再發展，或自外國引進新品種的再創造，一律都包容在「中國繪畫」的概念中。傳統的，必須現代化；外來的，必須中國化。那麼，它們便都是現代的「中國繪畫」（畫油畫的中國畫家也不應有「西畫家」的稱號）。林風眠的畫很明顯的，既是傳統的再生，又是域外新種的本土化——他已成功地為二十世紀中國畫家最艱鉅的時代使命做了最佳的示範。

中國傳統繪畫有水墨（或加上淡彩，稱為水墨淺絳）與青綠（即重彩）兩類。林風眠的畫也有這兩類。從這一角度來說，林風眠的畫與中國傳統繪畫也沒有扞格。換一個角度來看，即使有人在現代的「中國繪畫」中發明了新的材料與新的表現方式，只要取得成績，為欣賞者所接納，而有後繼者，也不妨礙它成為「中國繪畫」的新品類。換言之，中國繪畫的發展，不應有什麼成見與設限；創造性的發展原是一切藝術不可抑阻的律則。

林風眠與徐悲鴻，這兩位同樣突破傳統的僵弊，吸取西方的優長，發展現代中國繪畫卓有成就的大師，歷來有許多比較與褒貶。撇開派系與成見之爭，我認為兩人都對歷史有不可磨滅的貢獻。性格與品味不同，但都各有成果，同樣可敬。事實上，他們兩人的貢獻與功績，在過去半世紀中都同樣遭到現實政治與畫界偏見的扭曲，而不可能在自由創造中展現各自應有的光華。

如果說林風眠所倡導開拓的是受到西方印象派以降的現代主義影響，走中西融合之路，後來在「寫實繪畫淪為政治附庸工具而獨霸天下的時候，『新派畫』不僅沒有立足之地，並成為要殺絕的孽種。」⑧林風眠因之長期受到迫害、冷落以至遺忘，是中國繪畫現代化的大遺憾，而徐悲鴻借鑑印象派以上的西方寫實主義傳統，倡導「直接師法造化」的寫實方向，後來「淪為政治附庸工具」，又何嘗不是中國近代畫壇的大遺憾。兩個遺憾豈不皆為中國近代社會泛政治化對藝術的扭曲與壓抑所使然？豈不同為犧牲品？藝術觀念與表現方法的不同，本應為藝術多元價值的可喜現象。在不理想的社會環境中竟至「成者為王，敗者為寇」，豈不是中國社會之可悲？至於徐悲鴻之寫實方向「獨霸天下」，現代派的林風眠則採索居退隱的態度，實在不能否認部分原因是兩人性格不同的結果。徐的入世，林的出世，徐的重視功名權位，林後來變成消極退避、淡泊自甘，退回到個人創作的象牙塔中，這也可說是兩人不同人格特質所演變的不同命運。公平地來看，如果換一個政治現實環境，林風眠所代表的一派若獨霸天下，徐悲鴻的一派若成為被批判的「孽種」，又豈是中國畫壇之福？我們寧肯相信藝術發展中多元的自由競賽才是理想的狀態。然而，不論如何，林風眠大半生所遭受的壓抑與冷落，是歷史之恥，也是我們對他無限同情與敬意的部分原因。

至於有人以徐林兩人所採納西方繪畫的長處，一個選擇了「過去式」，一個選擇了「現在式」，因而功過不同，而且認為因徐派的佔上風而延緩了中國現代藝術的「進程」。此不啻表明中國藝術的現代化之路應與西方現代主義同軌，我認為這種觀念不但站不住腳，事實上也不可能。不同傳統文化的現代化必有它自己的許多獨特性，亦又有它自己的現代化模式。一味以「先進國」的文化發展方向為自己的方向，結果是自我的喪失。大陸改革開放以來，畫壇新一代對西方現代與後現代主義的追隨，呈現了文化自我消解的困局，令人憂慮。所以，不論西方的「現在式」與「過去式」都不應生吞活剝，都應有批判的吸收。回顧徐林兩位前輩，他們是以一個中國藝術家站在中國文化主體的立場去吸收西方的優長。儘管吸取的內容各有不同的選擇，他們都同樣為我們樹立了典範。

如果藝術必包含畫家獨特的人格精神，民族文化的特色與時代精神，林風眠在二十世紀的中國畫家中可以說最圓滿具備這三個條件。

林風眠的畫，個人的特質與時代精神大概沒有異議，民族文化特色可能就有些爭端。

許多人覺得林風眠的畫洋味很重。從某一角度看，也不可否認，但從其他的角度來看，林風眠的畫，民族文化的特色極濃厚，只是他創造性地以中國民間美術的特質去融合西方的現代表現主義，使看慣了文人畫舊傳統格局的人不易覺察而已。我自中學時代就為林風眠的畫所吸引。有一天恍然大悟，他的畫不論線條、筆法與造型的美感，不正是傳統民間瓷器上的圖畫嗎？直到三十多年後，我才看到有人訪問林風眠的文章，他正說過採用了瓷器上的線條。⑨

林風眠對民族文化的採擷多從民間藝術中找瑰寶，除了瓷畫，還有皮影戲、京戲、民間工藝花紋圖案等等。民族文化遺產如果沒有再創造，便成為博物館中的標本。林風眠使它們活起來。這一位被稱為「現代派」的大師，同時也是傳統文化的發揚光大者。他任北京國立藝專時請齊白石到校任教，而且禮遇之至，這都可以看出他對民族藝術大師的敬重。

在中國的苦難時期，林風眠回國第二年，二十七歲，他看到許多屠殺，畫了一幅油畫「人道」。朱樸在〈林風眠先生年譜〉⑩中載：「寬銀幕式的畫面上，充塞著鎖鏈、絞架與無數男女殉難者的形象。」二十九歲作「痛苦」巨幅油畫，表現中國老百姓在貪官污吏，軍閥兵匪及侵略者壓榨奴役下之痛苦。一九三四年又畫了「死難者堆積如山的作品」——「悲哀」。令人驚歎的是經過了六十年的滄桑歲月，他逝世前兩年，一九八九年「天安門事件」，林風眠以九十高齡的老翁又畫了「噩夢」組畫六幅及「屈原」、「痛苦」

等表達了他的悲憤的巨作。林風眠一生的畫竟以「痛苦」為序曲，又以「痛苦」做尾聲。他是時代悲愴的歌手，他是民族良心在歷史的漫漫長夜中閃光的燭火。他的藝術有自己生命中的追求，也時常與民族的哀樂共鳴。退隱之後，世界把天才遺忘了，他樂於蟄伏，沒有攀附，沒有競逐，沒有自我宣傳，更沒有長髯道袍，也沒有自立山頭，聚眾自雄。藝術真是林風眠的宗教，他的虔誠與刻苦，淡泊樸素，嶔崎磊落，使他的畫在中國藝術界樹立了特殊的典範：一個堅忍、崇高的靈魂，歷盡痛苦艱辛，不與污濁妥協的天才藝術家。

就像他畫中的孤鶩，在烏雲與草澤間逆風而飛，林風眠不做飄然遠引的閒雲野鶴，也不投奔洋人去做中國的郎世寧。他一生與二十世紀的中國共命運，與受苦的人民共歌哭。林風眠不但是本世紀第一流的中國大畫家，他的人格精神與藝術造詣所達到一致的高度，在諸大師之間也最為後人所欽仰。

註釋

①本文有關林風眠之生平、出生地、最早的名字、少年時代故實、留學、晤蔡元培、回國辦學等史料，均採自天津人民美術出版社《林風眠全集》（杜滋齡主編。一九九四年）中馮葉編撰

之〈林風眠年表〉、學林出版社現代美術家叢書的《林風眠》（朱樸編著，一九八八年出版）及中國美術學院《林風眠研究文集》（鄭朝選編，一九九五年）中〈林風眠早期四題〉（鄭朝撰文）林氏早期史料人名地名等各書多有出入。馮葉女士稱林風眠為「老師和義父」（見《林風眠研究文集》馮葉文），馮女士於林晚年長期服侍在側，其所編撰年表應更為正確。

②《林風眠研究文集》（中國美術學院出版，一九九五）。

③見註②該書中鄭朝〈林風眠早期四題〉。

④馮葉在〈林風眠年表〉一九二〇年條目之中說Cormon教授是當時法國最學院派的畫家。其工作室在當時最負盛名。本世紀初著名的現代畫家如羅特列克(T. Lautrec)、馬諦斯(Matisse)、波納(E. Bernard)、塞伏西葉(Serusiec)、畢卡比亞(Picabia)等都跟他學過，梵谷(Van Gogh)亦曾短期進過他的工作室。

⑤見註②。

⑥見註①。馮葉在一九六六年六十七歲條目下記載：「文化大革命」開始。先生將自己的大部分精心傑作浸入水盆中、浴缸中，做成紙漿倒掉。九月二日晚上，先生的家被查抄十幾小時。在一九六八年六十九歲條目下記載：秋，上海公安局將先生拘留在第一看守所，家門被封。時常受到折磨和審訊，不准人探監，只能每月送一些最簡單的生活用品。

⑦水、邵二文均見註②。

⑧見註②該書陶咏白〈回望歷史—徐悲鴻與林風眠〉。

⑨見註②該書李樹聲〈訪問林風眠的筆記〉。

⑩見註①所揭朱樸編著《林風眠》年譜一九二七年條目。

林風眠

代表作選

痛苦

1929年

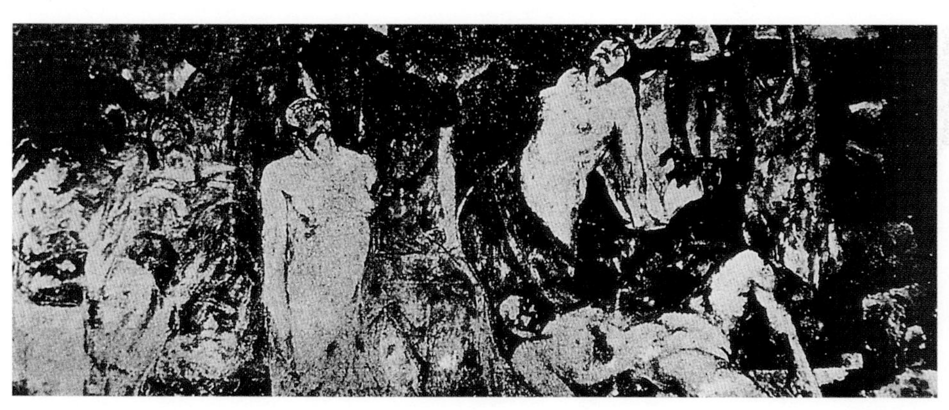

靜物
1951年

秋色

覓
1956年

秋豔
60年代

幽居
60年代

漁父
60年代

瑟琶仕女
60年代

孤鶩
60年代

綠衣女
50年代

裸女
80年代

噩夢
1989年

痛苦
1989年

傅抱石

解衣磅礴，縱橫排奡

第三類的典範

清末以降，中國繪畫與中國文化共同面臨存亡絕續的危機。如何生存發展，成為近代中國第一流才智之士殫精竭慮的焦點。近百年來的中西文化論戰，與中國藝術現代化的爭辯，至今尚未結束。概括而言，除了「死守傳統」與「全盤西化」兩極對峙之外，就是以西方的觀念與方法來改造中國文化，以及以中國文化為主體，吸收其他文化之營養來謀求中國文化的重振這兩條路。

就中國繪畫而言，近代畫家在這兩條路上的努力，確出現過許多不同的非凡成就。從鴉片戰爭到二十世紀中葉，第一流的中國水墨畫家中，任伯年、吳昌碩、黃賓虹與齊白石，是從傳統的文人畫範疇中異軍突起，振衰起弊，另闢蹊徑的人物；徐悲鴻、李可染與林風眠則屬於以西方的觀念與方法改造中國繪畫，首開風氣的畫家。

當然，這種粗略的分類，只是為了討論與認知的方便而已，原不能作絕對的二分。比如任伯年無疑的也接受了西方文化的影響；徐、李、林三大家對民族藝術特質的卓識與堅持，更令人欽佩。事實上，中外藝術的交流，歷史甚長；尤其近代西風東漸，直接間接的西方影響，只有程度不同而已。而每一位獨立創造的大畫家，都是一個「特殊」，原也不能類比。

活躍於二十世紀前半，至今聲譽日隆的傅抱石，正是上述兩類均難以規範的大畫家。一方面他有極強烈的民族藝術主體性的信念，卻又斟酌採納了某些外來的藝術與方法；一方面他發展了中國的文人畫，卻又痛陳文人畫「流派化」之後藝術生命的死滅①；一方面他一生鑽研中國書畫篆刻與美術史，卻又在留學中借鑑了日本畫、水彩、素描等域外藝術與學術研究的方法。他不像吳昌碩與黃賓虹，在高古的傳統中爬梳抉發，終於化腐朽為神奇；也不像徐悲鴻與林風眠，掌握了西洋的利器，移花接木，別開生面。傅抱石在兩者之間，樹立了另一個典範。

前半段的人生

傅抱石，原名長生，初小四年級時改名瑞麟。十七歲就讀省立第一師範，開始美術創作與研究，自號「抱石齋主人傅抱石」。一九〇四年十月五日（清光緒三十年甲辰八月）生於江西省南昌市。祖籍新喻縣章塘村。一九六五年九月二十九日腦溢血病逝南京寓所，享年六十一歲。

傅抱石的父親是孤兒，在農村當長工。因為肺病不能扛重活，流落南昌，以補傘為生。母親是逃家的童養媳。他們生了七個子女，但生計艱難，六個先後夭折，傅抱石就是僅存的第七個。幼年時，又慘遭父喪，成為第二代孤兒。全靠寡母補傘洗衣維持困頓的生計。七歲入私塾附讀，十一歲到瓷器店當學徒。鄰家裱畫店與刻印鋪引發了他對書畫篆刻最初的興趣，開始自學。十三歲得鄉親資助上江西省第一師範附小。高小畢業因成績優異保送入師範學校。二十一歲已寫成第一部著作《國畫源流述概》。

二十二歲師範藝術科畢業，留校任教。二十五歲完成第一本美術史專著《中國繪畫變遷史綱》（一九三一年出版）。這樣一位傑出的青年終於時來運轉，得到徐悲鴻的讚揚與推薦②於一九三三年以江西省公費留學日本。據鹽出英雄與金原卓郎③所述，傅抱石在國內時已稔知日本東洋美術研究之泰斗金原省吾，仰慕不已，曾寫信求教，並為所悅納。傅抱石遂就學於東京帝國美術學校研究科，師事金原省吾博士習美術史與理論；就山口蓬春等先生習日本畫；就清水多嘉示先生習雕塑。傅抱石在日本，其勤奮用功，非常人所能及。三年間，翻譯了日人梅澤和軒的《王摩詰》和金源省吾的《唐宋之繪畫》；編寫了《中國繪畫理論》；一九三四年五月在東京舉行了書畫篆刻個展。他在東京留下的一批書畫作品、照片和書籍，在金原省吾逝世（一九五八年，六十九歲）之後，由金原家人捐贈給由原來帝國美術學校改制升格的武藏野美術大學圖書館珍藏至今④。但他在日本寫的家書，文革浩劫中卻已付之一炬⑤。

一九三五年七月，傅抱石學成返國，任教於南京中央大學藝術系。直到他一九六五年逝世為止。生活的清苦，抑阻不了他精神創造力的昂揚。三十年間，傅抱石在教學、研究、著述、旅遊寫生和不懈的繪畫創作中絞盡他最後一滴心血，留給人間極珍貴、極豐富的藝術遺產⑥。

傅抱石於一九三〇年與羅時慧女士結婚。在許多回憶與紀念文字中，我們知道傅夫人數十年茹苦含辛，支持這位大藝術家創造的志業。她的功績，在傅抱石的藝術中將為後人永遠的感念。

天妒英才

渡過了艱苦慘淡的前半生，三十一歲回國，恰好是傅抱石後半生的起點。此後幾個時空變遷的不同階段，對傅抱石的藝術風格與成就有重要的關聯。第一階段自日本回南京到抗日戰爭期間入川之前共四年。傅抱石學術研究的重心在畫家石濤、山水畫史與中外美術交流。這時期的畫，尚未建立獨特風格，我們所能見到極有限的作品，多半深受明清之際，尤其是石濤等畫家的影響。

第二階段是入川之後，到一九四六年回南京這七年間。四川的山川草木，特別地激發了這位藝術天才的靈感。歷代山水畫家都有啟發靈感的「聖地」，如范寬的終南、太華；黃子久的富春江；梅清的黃山等是。四川是傅抱石開悟自然神韻的地方。他曾說：「畫山水的在四川若沒有感動，實在辜負了四川的山水。」又說：「以金剛坡為中心周圍數十里我常跑的地方，確是好景說不盡。一草一木，一丘一壑，隨處都是畫人的粉本。煙籠霧鎖，蒼茫雄奇，這境界是沉緬於東南的人所沒有所不敢有的。」⑦他款署「重慶」或「東川金剛坡下」的作品，是他一生傑作中最重要的一部分。

四十二歲以後遷回南京起十年，是第三階段。傅抱石的創作轉向更深入的內在層次，多為歷史人物、古詩造境與發自胸臆的山水作品。這是他平生傑作的另一部分。第四階段應從一九五七年出國訪問羅馬尼亞、捷克起，最後的九年。其間包括湖南、國內六省十幾個城市（行程二萬三千里）、東北、浙江以及江西等五次旅行寫生。這一階段中傅抱石的筆墨風格較前有顯著不同的變化。因為減少想像臆造，面對真景寫實，技法更多樣化。而主觀內省的深度與濃郁的詩情便相對淡薄。

非常可惜，經過第四階段的體驗與實踐，如果能像齊白石、黃賓虹一樣再有二、三十年時光，傅抱石必能再造另一個高峰。但是傅抱石竟在壯盛之年六十一歲逝世。一百五十年來第一流中國畫家除任伯年與徐悲鴻以外，大半非常長壽，甚至未到八十尚未登藝術顚峰的畫家也不少。傅抱石本來有高血壓，而且平生怕坐船，更怕坐飛機⑧。上海機場的裝飾，竟非用大畫家的作品不可！而讓這樣的國寶級藝術家抱病上飛機去趕工，二十五年後想起還是多麼令人痛心！

傅抱石是畫家，但對美術史與理論的研究之精深，完全是典型的學者。也正因為他在史、論研究方面之精深，才有其自出機杼的繪畫創造。極強烈的民族自尊心，使他在民族衰頹，文化凋敝的時代，產生了強烈的使命感。觀今鑑古，鑑往知來，於是，歷史的研究成為他振興中國文化宏願的第一項工程。他說：「我比較富於史的癖嗜……對於美術史畫史的研究，總不感覺疲倦，也許是這癖的作用。因此，我的畫筆往往保存著濃厚的史味。」⑨可以說傅抱石繪畫風格的形成，與他對中國美術史的理解、判斷有極密切的關聯。他對畫史的發揚和批判，建立了他自己的繪畫觀，在創造中遂能吸取精華，也能領取教訓。從二十一歲寫《國畫源流述概》起，到一九六二年寫《鄭板橋試論》，前後數十年，著、譯、編不曾間斷，單篇文字也復不少。據其夫人所言，現收入《傅抱石美術文集》者僅為他全部著作的三分之一，則他一生著述文字當在二百萬字上下。這是相當豐富的著作量。尤其令人欽遲的是他獨具慧眼，史識高超。他曾說：「我對於中國畫史上的兩個時期最感興趣，一是東晉與六朝，一是明清之際。前者是從研究顧愷之出發，而俯瞰六朝，後者我從研究石濤出發，而上下擴展到明的隆萬和清的乾嘉。十年來，我對這兩位大藝人所費的心血在個人是頗堪慰藉。東晉是中國繪畫大轉變的樞紐，而明清之際則是中國繪畫花好月圓的時代，這兩個時代在我腦子裡迴旋，所以拙作的題材多半可以使隸屬於這兩個時代之一。」⑩

傅抱石研究東晉顧愷之，從「畫雲台山記」的考證而知「顧愷之不但是一位傑出的人物畫家，同時還是一位山水畫家。」⑪而推翻了一千多年來認為山水畫起於唐代、六朝、東晉等說，認為應上溯漢魏。而對顧愷之「遷想妙得」等藝術觀的推崇，正如他對石濤「筆墨當隨時代」、「搜盡奇峰打草稿」的名言的激賞與服膺一樣。傅抱石在畫史方面的研究，不但在學術上貢獻了他的卓見，在創作上也建立了他自己繪畫的藝術觀與方法論。同時也是傅抱石創作靈感與題材的來源的一部分。這裡面是史識、學力與才華的交集。因為對史事人物的深入了解，他對古人的同情，也借古人寄託懷抱，與一般畫高士美人大不相同。

在〈壬午重慶畫展自序〉一文中，說到他創作的題材來源有四：㈠擷取自然；㈡詩境入畫；㈢歷史故實；㈣臨摹古人。該文寫於一九四二年。其實，我看傅抱石的畫，還有第五種是「直抒胸臆，一吐塊壘」。這完全出自想像與感懷。當然也可以說，傅抱石最傑出的作品，不論四者中任何一種，都有第五種的成分在。即使寫歷史人物，還是在抒寫感懷，表現時代感應，或以自況。而他的畫在題材上也表現了他的「歷史癖」；表現了一個貫穿古今，融合道術的藝術家自己。

歷史感、使命感與人格精神

在藝術風格與表現技巧方面，傅抱石將歷史的智慧（傳統的成就）溶入個人的創造中。他對歷史發展的經緯瞭若指掌，而且對中國水墨畫的生發遞變的脈絡別具卓識。他要在歷史長河的主流中扮演承先啟後的角色。他的「歷史癖」，實在是一種文化傳承的「歷史感」，一種捨我其誰的「使命感」。具體而言，傅抱石要繼承並發揚水墨畫「大寫意」的傳統。

近數十年來，有關中國繪畫的「具象」與「抽象」之爭，至今仍喋喋不休。其實，抽象主義不過是西洋繪畫長期的寫實主義傳統成為個性桎梏之後所引起的反動。具象與抽象在繪畫中是否應為二元對立，大有問題。中國古代既沒有西方式的寫實主義，現代也就沒有沿襲西方現代藝術思路的必然性與必要性，何況抽象主義也不過西方現代主義的一支而已。抽象主義要去形（象）以寫（精）神、即以為神可獨立於形象之外。豈知漢代王充早有「火滅光消」；南北朝范縝有「捨刀無利」之說。形與神不是孤立自存的二元。中國畫自古代已超越了具象、抽象之偏執。從顧愷之「以形寫神」、「遷想妙得」；宗炳的「應目會心」、「應會感神」；王微「本乎形者容，靈而變動者心也」；吳道子嘉陵江三百餘里山水一日而畢；蘇東坡說王維畫中有詩，鄙視形似；黃子久的「畫，不過意思而已」：倪雲林的「逸筆草草不求形似」，查伊璜的「書畫醒時之夢也」以至石濤的「山川與予神遇而迹化」、「不似之似」等，總之是主張「形神兼備」，主客觀的統一⑫。

傅抱石的大寫意正是繼承這一傳統中不斷發展者的精神而來的。他的人物畫，看似高古游絲，卻又如狂草；他的山水皴法，看似一片亂筆，卻融合、提煉了披麻、解索、亂柴、牛毛、鬼面、骷髏、卷雲、斧劈、荷葉、折帶等皴法。幾乎沒有一種皴法不被包容吸納進去，而匯集在破筆散鋒的運用之下，創造了有名的「抱石皴」。

畫史、畫論與畫法的深入研究和體驗以及對於時代的感應，能與個人的抱負才華配合得天衣無縫，鑄造了與人格相通相應的藝術風格，這是畫史上少見的奇才！我們只要看張大千，他一樣崇拜石濤，也精研石濤；但石濤於他只提供了抄襲與模仿的資料，因為其人與石濤缺少人格共通之處，故只能「師其迹」。而傅抱石對石濤的生平、畫論、畫迹所下的考證、研究功夫之深，更因為他與時代、民族共憂患的人格特質，益使傅抱石成為石濤的知己，故能「師其心」。師迹與師心，兩者有天壤之別。我們還可以看到多少精研畫史、畫論的行家兼畫家，一下筆即現傳統的鐐銬。學問、見識、才華與悟性能完美配合，實在是戛戛乎其難哉！

知識與藝術的辛勤追求以及人生坎坷困頓的磨難，淬煉了天才。傅抱石成為一代大家，良有以也。

人物畫別有懷抱

傅抱石的畫吸取了傳統名家的精華，如倪雲林、高克恭、陳洪綬、王蒙、髡殘、梅清、石濤、惲南田、程邃、蕭雲從、吳歷等畫家，都給他深刻的影響。早期的山水，受石濤的啟發尤多。三十歲前後留學日本，那些接受中國水墨畫薰陶的近代日本畫家，也反過來給傅抱石許多影響。如橋本關雪、橫山大觀、小杉放庵、平福百穗等。他在日本「還認真地學習了（西方）的素描。」⑬他自己也說過：「我的畫確是吸收了日本畫和水彩畫的某些技法，至於像不像中國畫，後人自有定論！中國畫總不能一成不變，應該吸收東洋畫的優點，消化之後，為我所用啊！」⑭古今中外，傅抱石都有所借鑑。因為他能帶著批評的態度去吸收別人的長處，又能融匯貫通，所以能夠建立由他自己的人格力量所統御的獨創風格。

就人物畫而言，大概可分兩種：歷史人物與典故；文學名著或詩句為題材的人物畫。

傅抱石的歷史人物，如屈原、杜甫、陶淵明、李白、王羲之及竹林七賢等，都是歷史上別有懷抱，具有崇高人格的人物。他們的悲憤、悒鬱、不滿現實、蕭疏放逸以及人物內心深處不可名狀的哀傷與沉重，在傅抱石筆下，都與畫家心有靈犀。令人感到他不在畫人，而在畫心境，在表現人生的際遇，表達畫家對他們的理解與共鳴；令人感到畫家不在畫古人，而在畫自己。這種人物繪畫，在古代我們只在顧閎中、陳老蓮、吳偉、羅聘、任頤等人筆下偶爾見過。有深度的人物繪畫，往往不採用過分誇張的戲劇化動作，而表現手法則是樸素沉著，平實無華的技巧。傅抱石的人物造象就是這種品質的高峰。在表現心境與共鳴上，他的成就是前不見古人。

無疑地，屈原造象及以〈九歌〉為題材的許多作品是傅抱石表現得最好的人物畫。屈原像最早的一幅畫作於一九四二年。橫山大觀有「屈原」一畫（作於一八九八年），傅抱石受他影響是毫無疑問的。而對傅抱石極推崇、鼓勵的詩人與歷史學者郭沫若的五幕劇本「屈原」就作於一九四二年。而且還寫了「屈原研究」等一系列研究文字，並以語體譯《離騷》⑮。傅抱石受郭的觸動，不但作了「屈原」像（郭並曾題五言古詩），而且，屈原的其他作品如〈湘君〉、〈湘夫人〉、〈山鬼〉、〈國殤〉等等，尤其是「二湘」，也成為他人物畫最重要的題材。屈原在當時是「抗秦派」，在抗日戰爭中傅抱石以屈原來表達愛國抗敵的情緒，當也有其時代因素在。更重要的是，他充分體現了中國人物畫「傳神」的精髓。傳統通常使用春蠶吐絲描、高古游絲描、鐵線描與蘭葉描，從顧愷之、吳道子以迄明清，多為工整筆法。傅抱石人物線描很難以傳統歸類，但近於游絲、鐵線。而他與傳統技法最大的不同，也即是獨創之處，是化工整嚴飭為寫意飛動與運用破鋒飛白的線條。看似潦草荒率，事實上是為求傳達人物的動態與神韻，高度的省略、概括所必須的手段。因為衣紋手足與衣飾只勾勒其動勢，不做確切的描繪，才能使觀賞者把全部注意力集中於頭面，尤其是眉眼上。傅抱石的人物最使人勾魂攝魄處往往在眉眼的神情。更進一步的是他把古代的線條，由原本工整變為飛動潦草之外，又運用了許多破鋒飛白的線條。這使傅抱石的人物畫技巧與他的山水中的「抱石皴」一樣，顯示了有如音樂的特性——旋律與節奏之美超越了物形的清晰與描繪的拘泥。正是那些含糊的、不可名狀的筆墨形式隨著心靈律動的起伏飛躍而出現，才更深入、生動地表現了對象的豐富、複雜與微妙。同時，在含糊、潦草的筆墨對比之下，眉眼與頭面的神采才更能凸顯出來。繪畫元素「對比」與「關係」創造性的駕馭，正是傅抱石人物、山水獨特創造的關鍵所在。

古今中國的人物畫，從未有傅抱石這樣的領悟。而在人物的造型方面，尤其是古裝人物，不論高士或仕女（美人畫），後世都相當「規格化」與「庸俗化」，至今依然。比如「高士」必俊美瀟灑，「仕女」則嫵媚纖弱。傅抱石的人物迥異於是。他畫屈原與悲劇人物，其造型如病鬼、餓鬼、冤鬼，卻有一股傲岸、超脫、肅穆、懇摯的神韻；他畫美人，多為怨婦，基本造型從唐俑與陳老蓮而來；不作瘦削柔弱，而是頎碩豐盈，面目古樸、靈慧而有個性。屈原賦常以「美人香草」自況，傅抱石畫美人意也不在美人，而是別有所寄。最值得一提的是他在「湘夫人」或「二湘圖」上，畫秋風落葉，片片自空中飄下，由遠而近，遠小近大，大到幾與人頭相若。這完全採用攝影機取景方式，把相機的「景深」(depth of field)的原理運用在畫面上。屈原的湘夫人有「帝子降兮北渚，目眇眇兮愁予。嫋嫋兮秋風，洞庭波兮木葉下」句。傅抱石別出心裁，畫面上除人物之外，只見萬頃碧波；不見樹木，但是木葉飄零。從來沒有人畫落葉採用這個方法。這些拂面而飛的落葉，更增加了秋風嫋嫋，煙波淼淼曠古的蕭瑟寂寞之感。在視覺上，這些飄零的落葉也提升了畫面的創意。

最高成就——山水畫

山水畫在傅抱石一生的創作中佔最主要的部分，他最好的人物畫與山水畫雖然難分軒輊，但從個人創造的角度來看，他的山水畫無疑有更高的成就。

在佈局上，他常將山峰的峰頂伸出紙外，或者頂著畫紙上邊，故不大留出天空；打破傳統的格局，形成遮天蓋地的磅礴氣勢。傳統的煙雲與虛實的處理手法，傅抱石也常運用，但大不似傳統派的公式化與定型化。他更多的是滿紙上下充塞山巒樹木，形成「大塊文章」的結構。如一九五八年出版的畫集中第十九圖「瀟瀟暮雨」，第二十一圖「苦瓜煉丹台詩意」與第四十圖「山水」；一九八八年畫選中第三十四圖「暮韻圖」、第五十四「高山仰止」、第五十六「杜甫詩意」、第六十六「聽泉圖」等。他的「大塊」結構，裡面有層次、有脈絡，卻又含糊一片，墨瀋淋漓。這種含糊中的脈絡，構成傅抱石畫面獨特的肌理(texture)。

編織這獨特的肌理者，就是睥睨古今的「抱石皴」。上文說過，他的皴法融匯、活用了各種傳統皴法，而歸集於「破筆散鋒」的運用。有人認為「抱石皴」是「用草書筆法作皴」⑯，也有人指出「古人只有中鋒和側鋒兩種筆法，變化是有限的，側鋒作皴且易凝滯，先生創造性地把筆鋒散開，實際上等於無數中鋒。」⑰這都很有見地。以我的體驗，破筆散鋒往上提的時候確是無數中鋒，往下壓的時候便是無數中鋒與側鋒兼而有之。古人只知用中鋒和側鋒，而且只曉得用筆毛的末端到一半(像寫字一樣)，所謂作畫如作書。後來才用到筆肚乃至筆根（靠近筆桿的部分）。這就打破作畫如作書的規範。只要能表現不同的特質與意趣，寫、塗、抹、推、拉、壓、簇、轉、掃，都肆無禁忌，真正做到揮灑自如。正像傅抱石所說「我認為中國畫需要快快地輸入溫暖，使僵硬的東西先漸漸地恢復他的知覺，再圖變更他的一切。換句話說，中國畫必須先使它動，能動才會有辦法。」⑱傅抱石皴法用筆的多樣變化與突破格法，確是前無古人！

但是「抱石皴」不是玩弄形式，製造視覺上的新奇而已，他對地貌與山石地質結構的了解與鑽研，恐怕也是前無古人，後未見來者。他在一九五七年根據日人高島北海《寫山要訣》編譯出版的《寫山要法》一書，對地質結構、岩石種類特徵與皴法的關係，有詳細的分析。這本書有很多他自己的體驗和見解，應稱為編著才比較恰當。讀了此書回頭再看傅抱石的畫，當為他能集嚴謹的理性認識與狂飆驟雨似的感性揮灑於一身而驚訝不已！正如他對畫史和理論的精研與創造的才華能天衣無縫的融合為一種藝術風格一樣，我們看到一位古典的又浪漫的天才。

傅抱石繼承了文人畫對線條的倚重，認為濃厚的色彩必為挑大樑的線條所不能容忍。但是他的色彩，大不同於傳統的規格化與貧乏。色彩輔佐筆墨的氣韻，也底定了作品的調子。他在色彩的運用上也常有一新耳目的地方。在色彩中加墨，大面積的渲染，氣勢蒼茫沉厚，別具一格。

破筆散鋒，線條出自毫端者，細如游絲；出自筆肚與筆根者，則有飛白與塊狀擦痕，或者疾澀粗率的線形。其筆跡線痕可謂極變化之妙，不可究詰。將這些狂亂複雜的筆與線，降服收編，使其成為「組織」(texture，即上文的「肌理」)，顯示了層次，生發為氣韻，則有賴於渲染。傅抱石山水技法中，渲染的工夫，也為一大特色。早期有人以「日本畫」、「水彩畫」嘲之，也即以此。傅抱石對此表示了他的痛心與不屑反駁的心情。他認為傳統文人畫的「流派化」，祖述前人的衣缽，沒有地方性和時代性，連日本人也看不起了。吳待秋、湯定之、溥心畬、張大千、胡佩衡等，都在傳統的門戶中討生活。日本的畫家，吸收了中國畫而大多數都「變成自己的面目」。「他們的方法與材料，則還多是中國的古法子，尤其是渲染，更全是宋人的方法了。」「專從繪畫的方法上講，採取日本的方法，不能說是日本化。」⑱這可說是藝失而求諸野(日本)而已。事實上，就以接受日本畫的影響而言，傅抱石與嶺南畫家高氏昆仲就大異其趣。對外來文化的涵斂消化與浮光掠影的仿效，兩者也深淺有別。

濃重的渲染法的大膽運用，把線、皴與點統一成面與體。傅抱石的山水畫最明顯的外觀是渾然一體，排除了傳統中國山水瑣碎、堆砌的通病。而氣氛的營造，也因渲染的高超技巧而來。

從結構到筆墨技巧，一切努力都為表現畫家的思想感情，表現這思感所寄託的意象，表現這意象所釀造的境界。古今中外所有第一流的藝術家，不論採用了什麼題材，運用了各自不同的技巧，創造了各自獨立的藝術品，因為作品的背後都有作者的人格精神在，所以他的眾多作品必有某些共同的特色，宣洩了他對宇宙人生的感受與態度。傅抱石也一樣，他一生數千件作品中，題材、技法都各有差異。就山水畫來說，四川的蒼茫，三峽的雄偉；秋天的蕭颯，春柳的葳蕤……，當然各自不同。但是，第一流的藝術家絕不以寫狀山形地貌，描繪香花秋月為滿足。而是借物象的特性，塑造意象，經營意境，抒發他的觀感，寄託他的懷抱，乃至馳騁他的想像，奔放他的激情。

傅抱石的山水畫綜合而言，表現了天地山川的鬱勃黯闇，雄奇巉嶮，與乎倏忽若飄塵的人的孤寂、無奈與浩歎。表現了令人動魄驚心的苦澀與悲情。「念天地之悠悠，獨愴然而涕下。」陳子昂的這兩句詩，差堪比擬。他在「金剛坡」的時期已經展現了他成熟的風格；甚至可以說，他最具代表性的作品，不論山水與人物，在他五十歲之前早已完成。他的生命最後的十幾年，只是這種風格的延續與在不同時代環境中的變貌而已。就他最重要的山水作品而言，他那人格化的山水，那飽含畫家個人情感的丘壑，那奔迸著他的熱血與激情，風雨晦明的蒼莽的山巒與蓊鬱的草木，是畫家在大自然的感動之下所引發的長歌，是山川魑魅在畫家心靈的召喚之時所呈現悲壯的景象。他以石濤「代山川而言也」句刻了一方圖章。事實應該說是以山川為題材來表達他自己的心聲。二十世紀的山水畫大家中，把強烈的個人感情、人生觀與宇宙觀溶入山水畫的構思裡，傅抱石是最突出的一人。

評價

近代一百五十年中，攀上高峰的山水大家都各有面目，各具特色。我以為黃賓虹的特色是「累積」，林風眠是「淨化」，李可染是「構築」，傅抱石則是「爆發」。

傅抱石身世坎坷，窮愁局促，顛沛流離，卻胸懷大志，一生在藝術上的追求從不放鬆。而且，其人感情熾烈，愛民族、愛國家、愛歷史文化、愛朋友、愛學生、愛家庭子女⑲。這樣一位多情的人，卻因愛學問、愛藝術，竟長年矻矻，在中國畫史、畫論、畫法，尤其在石濤的研究上下了大功夫。人生的考驗與學問的涵養，為天才之火預備了充實的燃料。抗戰國難入川，蜀中的山川靈氣，觸發了他內心的激情，終於爆發為熊熊烈火。據曾親近他的親友學生所言，我們知道他作畫在沉吟苦思之後，便如風馳電掣，橫塗直掃。他曾自嘲是「鬼畫符」⑳。事實上，激情的爆發，確如神靈附身。他的畫是才華、激情、學識、詩、酒與造化的精華一爐共冶的結晶。

傅抱石最好的畫都出自內心深處湧現的意象。雖然自然的體察與前人的借鑑不能缺少。但當他吸納了一切，便須閉門創造，讓胸臆間的磅礴之氣宣洩於畫紙之上。他不是「寫景畫家」，而擅於「造境」。他幾次遠行寫生，並沒能產生足以與他想像的創作相提並論的作品。他與李可染恰好相反。李在寫生中創作，完成他最佳的傑構。而李晚年因心臟病，不能跋涉寫生，只好閉門藉想像作畫。但擅於寫景的畫家，一旦失去面對自然的機會，便沒有如魚得水的活躍，因為他的「構築」需要現實自然的「材料」。這兩位大家正是兩個相反的典型。不過，說傅抱石不是寫生畫家，並不表示他的寫生不夠好。我們看他的「速寫」以及捷克的「大特達山麓」、「布拉格」等畫，還是第一流手筆。因為傅抱石的畫筆與文學、歷史緊相連接，所以他嘔心瀝血的想像的創作，遠比他的寫生之作更能表現他的人格精神與藝術的深度。他的畫有極深刻的人文內涵，極動人的詩情與極富魅力的技巧，因而有不盡的畫外之意。一九四〇年他在〈中國繪畫山水、寫意、水墨之史的考察〉一文的後段談到明末諸大家時說：因為他們都是身經亡國之痛的畫家，所謂山水而外，別無興趣。詩酒之外，別無寄託，田叟野老之外，別無知契。人品既高，筆墨當然造其絕境。但他們的深意，是在筆墨之外的。」㉑這差不多可以看作他對於藝術創造的旨趣內心的自白。

傅抱石不但是本世紀中國第一流的畫家，而且是世界第一流的畫家。即使在畫史上，他也是幾百年才能一見的天才藝術家。

註釋

①〈民國以來國畫之史的觀察〉，《傅抱石美術文集》，頁一七三～一七四。

②鄭理，〈徐悲鴻年表〉一九四二年條：「小住南昌發現美術奇才傅抱石。為爭取傅抱石出國深造，拜訪江西省主席熊式輝。」《徐悲鴻的故事》，頁二一一。

③鹽出英雄是武藏野美術大學名譽教授，傅抱石當年留日同學；金原卓郎是傅抱石當年留日老師金原省吾博士之子。鹽出英雄與金原卓郎文中記傅抱石赴日與歸國年份均有錯誤。應以葉宗鎬所編《傅抱石年表》（見註①同書頁六七九～六八六）為正確。即一九三三年赴日，一九三五年歸國。兩日人文章均見《傅抱石先生逝世二十週年紀念集》（以下簡稱《紀念集》）。

④金原卓郎，〈傅抱石先生和金原省吾〉，《紀念集》，頁二十一。

⑤羅時慧，〈往事如昨〉，《紀念集》，頁二。

⑥有關傅抱石的生平，尚未見有翔實的傳記。現在所知片斷，散見於《紀念集》中。〈傅抱石年表〉是最重要的參考資料，可惜過於省略。

⑦〈壬午重慶畫展自序〉，見註①同書，頁四六〇。

⑧秦宣夫，〈回憶傅抱石先生〉，《紀念集》，頁十三。

⑨同註⑦，頁四六四。

⑩同註⑦，頁四六五。

⑪〈中國古代山水畫史的研究〉，見註①同書，頁四二九。

⑫以上所引述，主要從傅抱石〈中國繪畫山水、寫意、水墨之史的考察〉一文而來。見註①同書，頁二三九～二五三。

⑬同註⑧。

⑭董慶生，〈懷念抱石師〉、《紀念集》，頁七十二。

⑮郭沫若研究屈原的論文，見《歷史人物》及《蒲劍集》。

⑯黃苗子，〈永遠被人懷念〉，《紀念集》，頁九十。

⑰沈左堯，〈藝術之峰，遠而彌高〉，《紀念集》，頁一一九。

⑱茲僅略述原文大意。詳見傅抱石〈民國以來國畫之史的觀察〉，見註①同書，頁一七三～一八一。

⑲《紀念集》多處有這方面的記述。此外，《傅抱石扇面集》中有幾頁畫的題跋，傅抱石寫下他對生病住院的長女益珊的擔憂、惦念與禱祝。愛憐弱女一至於此，令人感動之至。

⑳張文俊，〈懷念您，學習您〉，《紀念集》，頁三十九。

㉑同註⑫，頁二五二。

傅抱石

代表作選

醉僧圖
1944年

瀟瀟暮雨
1945年

乙酉夏五月東川金剛坡下山齋 新喻傅抱石

大滌草堂圖
1945年

擘阮圖
1945年

乙酉正月東川金剛坡下山齋造　抱石

虎溪三笑
1945年

屈原
1947年

湘夫人
1954年

湘夫人
一九五四年三月

平沙落雁
1955年

抱石金陵寫

苦瓜煉丹台詩意
1956年

一九五六年十二月傅抱石金陵寫

西風吹下紅雨來
1956年

西風吹下紅雨來
抱石金陵寫

東歐寫生

1957年

TATRA山麓飯店補憶一角 一九五七年
六月四日傅抱石記

漫遊太華
1960年

井岡山
1964年

井岡山

黑雲壓城城欲摧

李可染

時代背景

當二十世紀剛剛過了一半的時候，中國畫壇最後兩位傳統派大師黃賓虹和齊白石相繼逝世。他們是傳統文人水墨山水畫和花鳥畫綜結性的、最後的一個高峯。齊、黃兩位大師的隕落，標示了東方「傳統」繪畫終於在歷史舞台光榮謝幕，也提示了現代的中國水墨畫必將超越傳統的窠臼，另闢新路。

中國繪畫現代化的覺醒雖然比中國文化現代化遠為遲緩，但在「五四」之後數年，第一批留學回國的畫家，如林風眠、徐悲鴻已揭開了新美術運動的序幕。不過，在二十世紀前半，中國的現代化因不斷的外患與內亂，迍邅難進。傳統派仍是當時中國畫壇的主流，但是因襲模仿的傳統派已經注定強弩之末的命運，因為「現代化」的方向乃歷史發展之必然。

中國藝術的現代化，雖然不能缺少外來文化的刺激、啟迪與影響，但仍須建基於自己傳統的基礎之上，才不至於喪失民族文化的主體性、自主性與獨特性。現代化亦必是一個漸進的漫長歷程，絕不可能一蹴可幾。所以，必須要由能肩負「承先啟後」重任的精英，做開路造橋的工作。

李可染就是二十世紀後半中國畫壇上承先啟後的健將。他的歷史使命正是連接傳統與現代，開拓水墨畫的新路。

李可染藝術生涯的開展，正當傳統的夕陽餘暉未盡，現代化的曦微晨光初露之時。他是何等幸運，二十世紀中國畫壇四大畫家都曾親炙，而且是他的老師：傳統大師黃賓虹與齊白石；現代化革新派大師林風眠與徐悲鴻。四位大師代表了兩種不同的光彩。李可染慧眼別具，他沒有到當時聲勢顯赫的泥古遺老那兒去「程門立雪」，也沒想去外國追隨西方現代大潮。他所崇敬的四位老師，在當時飽受非議，卻是今日藝術界公認的第一流畫家。

西洋繪畫紮實的修養與深厚的傳統書畫功夫，為他日後的創作預備了堅實的基礎。當然，他比一般的「西畫家」或「國畫家」要付出雙倍的辛勤努力。

生平回顧

李可染一九〇七年三月二十六日（清光緒三十三年農曆二月十三日）生於江蘇徐州一個平民之家，排行老三。一九八九年十二月五日，「因心臟病突發溘然長逝」，年八十二歲。

追隨李可染四十年，中央美術學院美術史論教授孫美蘭在《李可染研究》（江蘇美術出版社，一九九一年）及「所要者魂——李可染的藝術世界」（台北，宏觀文化，一九九九三年）兩書中對李可染的生平與藝術有極詳盡的記錄，深入的探討。很少畫家有這種幸運，身邊有一位學生輩的美術史論專家為他搜羅、保存、整理歷史資料，提示他的藝術內涵。有心研究李可染的後來者，從孫美蘭教授的著述中可以得到許多幫助。

李可染出身貧窮人家。父親李會春因逃荒求生於城鎮，母親是挑賣青菜李姓人家之女，連名字也沒有，也不知生日。雙親都是文盲。但父親很會講歷史故事，母親會用核桃葉浸泡染料，染舊衣服成新裝。窮苦人家而有刻苦創造的天賦，這是李可染的第一筆父母親的遺產。許多大畫家的子女繼承父親衣缽，卻往往難以有成；李可染的父母親給他的薰陶，相形之下，這筆遺產更加可貴。

其次是民間窮苦的藝人和他們的曲藝，啟發了李可染少年的天賦。這不但使他一生喜愛胡琴，結交了許多戲曲界的藝術同道（如京劇大師蓋叫天、尙和玉），也使他體驗到不同的藝術形式間卻有相通的精神，而努力熔注其他藝術的優勝於繪畫中。還有，少年的李可染深切體驗到人間苦。

「童年李可染是個『小戲迷』，一次擠到台前，近看武生翻筋斗，一翻飛出了好些破布片，他好奇，轉到了後台，看他們卸裝。台上的英雄，卸了裝就跟叫化子一樣，穿著襤褸的衣服，披著麻袋片。他一步不離，緊跟著唱戲的走，走到一個破廟裡，只見高台階底下，他們蹲在那裡吃飯。說是吃飯，既沒有飯，也沒有菜，不知吃的是些什麼，吃完了，靠在牆底下打盹。可染小小年紀，一見唱戲的原來這樣苦命，不只是同情他們，也尊敬他們。」①這一段生動的描寫，我們可體會到李可染的藝術紮根於傳統文化與民間社會的土壤裡，使他的畫有深厚的泥土味。不論他吸收了多少西洋繪畫的養分，都不失民族文化的獨特魅力。尤其他站在受苦者的處境，所體味的乃是黑雲壓頂的痛苦，所聽到的是盲藝人「悠長淒涼的琴音」②。李可染最好的畫都是濃墨重染，苦澀沉晦，良有以也。一個有獨特風格的畫家總是以他自己的人生品味去觀照、體察世界，而創造了飽含他主觀情調的藝術境界。當李可染少年時候曾見過同鄉名畫家李蘭的山水畫。直到晚年，還常憶起那幅在他心中留下奇異難忘印象的畫。「李蘭畫風豪放渾厚，特點是作畫墨色沈黑，徐州老百姓喜歡李蘭的山水畫，因他墨韻濃重超凡脫俗，人皆譽為李蘭『墨墩』。」李可染八〇年代自述學畫經歷，談到少年時代看過李蘭的畫說過：「我畫畫喜歡黑，可能李蘭墨墩在我心裡種下了這條黑根。」後來李可染再沒見過李蘭的畫，我們更無法得見。李蘭的畫使李可染一生不忘，其中又有共鳴之心曲。而李可染畫室有「十師齋」之名，表示他師承十名家（范寬、李唐、王蒙、黃子久、石濤、石谿、八大、龔賢、黃賓虹、齊白石），其中大部分都是黑重滿實的風格。八大與白石比較簡潔，但所有十人均無秀巧纖麗者，可見李可染的藝術風格與其人生觀點與品味，屬於晦澀沉重者多。藝術是人格的反映，李可染的身世與生活經驗，造成了他的藝術基調。這是很可能的事。

李可染學畫生涯的際遇，孫美蘭在上述兩書中有很詳細的記載。他的啟蒙老師，除父母親、民間藝人、同道好友，更有許多恩師。第一位是引導他進入傳統山水的畫家錢食芝。第二位是錄取李可染進入「西湖國立藝術院」，奠定了「素描造型和基本功力」，啟發了他對東西方藝術的認識的林風眠。第三位是主動賞識、提拔他，並介紹他拜師齊白石門下的徐悲鴻。第四位是李可染追隨了十年，使他得到無數教益的齊白石。第五位是與齊白石同時代成為李可染另一位恩師的黃賓虹。畫壇一時之選就是他的恩師，很少人能有此機遇。

有關李可染的逝世，孫美蘭的〈李可染年表〉也許因為政治因素，只一句「因心臟病突發溘然長逝」。據藝術界可信的傳聞，一九八九年「六四」「天安門」事件，李可染與當時黨政軍、文化、學術界的許多人一樣表示支持。事件敉平之後數月，有關單位到李家查訪，李可染因年老且有心臟病，而「文革」餘悸猶存，經受不住，「溘然長逝」。一生畫江山如此多嬌，在「黑雲壓城」的「六四」之後死於北京城，背着黑畫家的名聲而死，只得一句含糊的記載。香港《明報》月刊一九九〇年二月號莫一點寫〈李可染的畫〉一文前有「編者按：十二月五日上午十時左右，中共文化部藝術局人員登門拜訪李可染，談了不過十分鐘，李可染便心臟病發而死。有人說他是給嚇死的，有人說不是。事實如何，我們不知道。在這個『資訊發達』（鄧小平語）的時代，中國人很多事都不知道。」將來孫美蘭教授修訂〈年表〉，應據實記載，這也是歷史真相的一部分。

強調「基本功」

齊白石與黃賓虹是李可染的恩師中最主要的兩位。在粗筆寫意、簡練遒勁的齊白石與拙厚迷離、繁密蒼潤的黃賓虹兩種對立的美感與迥異的風格之間李可染沒有無所適從，迷失了自己。也不像其他畫家一樣，一手石濤，一手八大，為古人奴。可染先生真正是師其心，不師其跡。他追隨兩位大師，不為模仿，而是研究其思想，體悟其精神，分析其質素，活用其方法，領會其真趣，然後吞吐吸納，綜合融匯，創造轉化而成適合自己的養分。可染先生的畫與畫論，充分表現了他善於學習的天賦，創造性的繼承前人，建立自我。

李可染屢屢強調藝術的「基本功」。他說他是「苦學派」。他多次提及從京劇名演員得到啟示。蓋叫天、譚鑫培、程硯秋、尙和玉、余叔岩等都是他學習的老師。而生活中更無處不可學。從豐富多樣的人生生活中提煉出寶貴的營養，轉移到繪畫創作上是他的過人之處，也是他的思想與創作靈感的源頭活水。

李可染的畫非常富於魅力；魅力來自他獨特的風格。一般都以「黑、滿、重、亮」來形容李可染的藝術風格。這當然不無過於表面化、簡約化之嫌，但也確有指點迷津，重點提示之用，對於欣賞、領略他的畫不無助益。不過，在我看來，似乎用「黑、滿、崛、澀」四字更能表彰其畫風的特質。

黑，不僅是墨用得多而已。黑是沈鬱、蒼莽、深邃，是一種氣質，一種心境，一種品味，一種美感類型。我們看李可染的畫，或許會想到唐代詩人杜甫與李賀，不大會想到李白與孟浩然。

「白摧朽骨龍虎死，黑入太陰雷雨垂」、「巫峽千山暗」（杜甫）與「石破天驚逗秋雨」、「黑雲壓城城欲摧」（李賀）似乎都是濃黑色。當然，「知白守黑」，善用黑色也必善用白色。黑白對比之強烈，自然「亮」。李可染說意境是藝術的靈魂。客觀事物的精萃加上主觀感情所創造的境界，是藝術家畢生追求營造的目標。漸江的清淡雅潔與龔賢的黑重蒼鬱不但各為一種宇宙情趣的發見，而且也是不同的人生意緒的發抒。不同的情趣不必有所軒輊，李可染以酣醉淋漓、沉著厚實的墨色，表現葱葱鬱鬱，緜密幽邃的自然景觀，拿音樂來舉例，他不唱花腔女高音，不是小提琴與豎琴，而是男低音，是大提琴與低音域木管。

滿，是李可染的畫另一特色，孟子所謂「充實之謂美」，滿即是充實。中國文人戲墨，逸筆草草，濫留空白，以虛薄羸弱為「靈氣」，曰「無畫處皆成妙境」。可染先生一反陳腔，倡重豐滿充實。他有一方圖章曰「陳言務去」，有意努力矯正文人畫的積弊。至於「崛」與「澀」，是我個人的體會。「崛」是奇崛；「澀」是拙澀。

李可染造型意趣的獨特性，實非文字所能確切陳述，我用「奇崛」與「拙澀」來形容，必須略加詮釋。論奇崛，明代的吳彬、龔賢，到八大、梅清、石谿、石濤等大家，都有出人意表，石破天驚的出現，不過，李可染有不同於前人者，乃在於他的造型意匠吸收了西方繪畫的手法，用以對傳統的再創造，而出現富於現代意理的美感形式。古代的，傳統的奇崛主要在造型符號規律化與裝飾性效果（如吳彬），或個別物象獨特符號的頻頻出現（如八大、梅清等），雖然極筆墨意趣之妙，但多為孤立的單元，像吳彬、龔賢那樣有強烈整體觀念的畫家，並不多見。李可染在二度空間整體結構上所作奇崛的經營，可說前無古人。運用黑白、虛實、疏密、主次，以及部分與部分，部分與整體間的「關係」來編造結構，經營氣勢，醞釀濃烈的氣氛。李可染的山水，劈面而來的大黑塊，鋪天蓋地的墨瀋水漬，其中許多神秘的光亮閃爍於林木與山脊的黝黑處。他的苦心孤詣、慘澹經營，為前人意識所未及，也為當代畫壇所僅見。「拙澀」則多表現於造型與筆墨方面。拙的反面是巧緻，澀的反面是甜滑。可染先生為什麼鍾情於拙澀之美？這是很難究詰的問題，也許是天賦的人格與性向，也許受到齊黃兩大師的薰染，不過，追求甜滑浮巧總是品味的下乘，因為那種美感只觸及萬象表層的形色，只提供感官的快適，只有樸厚拙澀的美感，才能深入物象的內在，表現宇宙鬱勃的生機。

以山水畫成巨匠

「外師造化，中得心源」是唐代張璪的名言，中國畫家差不多都耳熟能詳。此外，歷來又有師古人、師造化與師心的說法。不過，古人必然先師造化；而古人的成就也有其心源在其中。因此，「古人」裡面，其實有「造化」，也有「心源」。

所以簡略而言，「造化」（宇宙、自然、人生、生活等）與「心源」（理想、想像、主觀精神、生命特質、心靈修養等），是藝術創造的兩大源泉。沒有任何藝術創造不來自這兩個源泉，而此兩者，也不能只賴其一而可成就。

不過，藝術家因種種不同的主客觀條件，其創作靈感之所賴，於此兩者之偏重或偏好，也容或各有差異。也就是說，不同的藝術家，有的偏重於「造化」，有的偏重於「心源」。所以我們可以說，由於各有偏重與偏好，造成了創作靈感來源以客觀世界為主的藝術家與以主觀世界為主的藝術家兩大類型。

只要我們對李可染的作品稍有了解，便可以知道李可染在四十歲前後到六十歲大概二十年間已經完成了一生最重要的作品。他在四〇年代初以逸筆草草的大寫意所畫人物與山水，顯示他獨特的審美趣味和極富魅力的筆墨風格，而在五〇年代至六〇年代，他因為遊歷中國名山大川，風景名勝，畫了大量水墨寫生作品，開闢了一條在山水寫景中創作的新路，已奠定他的歷史地位。他膾炙人口的名作與獨特的風格在六十歲前後已經登上個人藝術顛峯。

李可染傑作甚多，海內外各公私收藏都有佳作。到目前為止，最重要的畫集，先後出版的有：一九五九年人民美術出版社的《李可染水墨山水寫生畫集》（收作品六十三幅）與一九九一年天津人民美術出版社的《李可染書畫全集》（分山水、人物、牛、書法、素描、速寫），差不多收集了他各時期主要的作品，足為鑑賞與研究主要的依據。

李可染早期最膾炙人口的作品如「執扇仕女」、「牧牛圖」（齊白石題：忽聞蟋蟀鳴，容易秋風起）、「浴牛圖」、「芭蕉美人」、「種蕉學書」（以上三幅徐悲鴻紀念館藏）等等皆為人物作品。大半從傳統及近代大家脫穎而出，逸筆草草而格趣高簡。此後只有「牧牛圖」這一題材不斷再製之外，五〇年代之後主要作品多為山水。偶作其他人物畫，亦基本上接續早期風格。

奠定他在繪畫史上重要地位也當以五〇年代以後的山水作品為骨幹。我認為李可染的山水畫，在一九六五年以前的十一年裡已經創造了他自己的巓峰。最佳作品如：「江山如畫」、「峨眉秋色」、「蜀山春雨」、「漢代的古柏」、「魯迅的故鄉紹興城」、「麥森教堂」、「夕照中的重慶山城」、「哥德寫作小屋」、「魯迅故居百草園」、「易北河上」、「嘉定大佛」、「凌雲山頂」、「魚米之鄉」等（見一九五九人美版畫集）。其中如「魚米之鄉」我以為是李氏山水中的代表作。「魚米之鄉」即為人美版畫集的「書衣」封面，可見畫集之主編，在三十多年前早有慧眼。此畫以後不曾見刊於其他畫集。我於一九八九年受可染先生之囑，為台北崇雅出版社為《李可染中國畫集》寫序之後，託出版社呂石明兄詢問可染先生該畫下落，回說是「魚米之鄉」等等一批五〇年代作品，在一次四川省借展之後遺失了。殊為可惜。「魚米之鄉」是我所認識李可染一生的山水畫中的代表作。一位畫家一生有這樣的作品，已足登上巨匠的地位而不可置疑。這一幅畫表現了可染先生中西藝術的修養，他深厚的基本功，現實生活經過他的慧眼、熱情以及第一流的意匠手段所創造的吾土吾民的動人風情。這是一首拙樸而充滿激情的中國民歌，是中國水墨的「表現主義」繪畫。這裡面有石濤的奇險，石谿的深沈，齊白石的豪邁純樸，也有黃賓虹的渾厚華滋。這裡面有酣暢、有苦澀、有歲月的蒼老，也有生生不息的生命無言的悲歌。對古老的中國山川與人若沒有深情與激情，畫不出這樣的作品。

此外，天津版「山水卷」中所刊，前集所未刊者如：「漓江邊上」、「畫山側影」、「黃海煙霞」、「陽朔渡頭」、「萬山夕照」、「榕湖夕照」、「崑崙山」、「巫山雲圖」……，也是李可染的重要作品。

如果上列佳作確可以代表李可染最重要的成就所在，那麼，便很明顯地可以看出李可染的創作靈感多來自客觀的「造化」、「借景寄情」，創造了個人獨特的藝術境界。雖然是「寫生」，但不容否認也是有高度創造的藝術作品。

李可染在中壯年時代到達自己藝術創造的峯頂之後尚有二十多年歲月。李氏在最後十年尤其用功，不但畫了許多墨瀋淋漓，黑入太陰的畫，藝術活動也很多姿多采。但我認為他的藝術顚峰在中壯年而不在晚年。對於這一點，不但有一部分美術界的朋友不大贊同，李可染先生也然。

一九九〇年北京人民美術出版社《李可染論藝術》一書有李氏〈讓世界理解東方藝術——最後一課〉（一九八九年十一月二十四日在師牛堂談話——李松先生記錄）一文中李可染先生說：「有的台灣朋友對我一九五六年的寫生非常讚美，而對我現在的作品倒有疑惑。」（見該書一八九頁）這一段話其實是我所引起的，因為我被邀為李可染先生在台北「崇雅」出版的大畫集所寫的序文，約略透露了我對他前後期作品的看法。崇雅編輯部與李先生有多次接觸，告訴我李先生看了我的「序」之後，說：「何先生大概不知道我現在畫些什麼。」其實我自五〇年代以來景仰李先生，他的作品我一直非常注意，不論早期或晚期，不但不是一無所知，而可說近乎「如數家珍」。

不過，對藝術作品的評價是相當主觀的判斷，仁智之見也不易人人相同。我對李可染作品的看法，不但是主觀感受，也有客觀的理由。我所認為的「理」，就是李可染晚期的作品之所以未能超越自己前期所創造的高峯，乃因為他無可奈何地走向背逆自己創作所偏重的靈感來源的方向。

一九五八年反右鬥爭以及以後一連串大規模的政治運動，任何人均不能逃避，藝術家也然。一九五四到五九年，李可染幾度旅行寫生，直到一九六四年，依據寫生再創作了一系列名作。但是一九六六年「五十九歲，十年文革浩劫，被迫停筆，無法創作，通過書法作基本功練習。」文革阻絕了這一位優秀的藝術家向更高峯攀登的可能。文革後期為周恩來所「調令」回京接受製作歌頌祖國江山的大畫，是他晚年活潑藝術創造開始定型化的開端。根據孫美蘭《李可染》書中年表所載，一九七二年至七八年，為民族飯店作大幅「灕江」、為外交部作六米巨幅「灕江勝景圖」，為國慶二十五週年作「清灕天下景」，為日本華僑總會作大幅「灕江」、「井崗山」圖軸。一九七八年再次至黃山、九華山。因心臟病發，未能完成再次去三峽寫生的計畫。

可知自一九六六到一九八九年李可染辭世的二十多年間，他不大能出門，他的畫不再是「對景創作」，只能在過去的經驗與成果上再製作，而以灕江、桂林山水、黃山以及綜合式的山水畫，還有就是大量的《牧牛圖》為主。

我們將李可染最後歲月的創作概況，依據〈年表〉做了以上的排比，知道李氏自一九六五年以後，受政治運動的衝擊，畫了許多政治化的作品，而因為健康不佳，不能「對景創作」，一反過去習慣，畫了許多自由想像的山水畫。李可染由所擅長的「借景寄情」轉為向壁虛構的「境由心生」。我們所見都是僵硬而雷同的作品。全然不同的創作途徑，背逆了自己的性向，也背離了其藝術創作成功的方向，可說是捨棄了自己的特長。這就是他晚年作品無法超越中壯年所已達到的高峯的根本原因。

文革後走下坡

李可染是在寫生中創作成功的畫家。離開這一途徑，要走像黃賓虹、傅抱石、林風眠等畫家那條以想像來造境的創作之路，顯然是捨長取短。當然，我們不應對這兩條不同的創作途徑有所軒輊，因為不論靈感是來自客觀現實或主觀心象，都可能產生第一流的佳作。而且，也不能說黃、傅、林等畫家就不曾有由寫生而創作的作品。不過，不可否認，借景寄情的成就較諸其他前輩畫家，李可染最為出色。

我們看李可染文革開始以後，因為無法旅行寫生，一九七二年被「調令回京」，憑記憶與想像所作系列灕江山水，顯示了他不對景寫生便無法發揮他的長才。這好比一位傳記文學家不一定能寫好虛擬的小說一樣。「陽朔勝景圖」（384×211CM，1972）、「灕江勝景」（152×128CM，1977）、「井崗山」（550×198CM，1977）、「萬里風光萬里船」（80×49CM，1982）等基本上由主觀想像構成的畫作，其呆滯、造作，令人不敢相信是他的作品（上文提及《明報》月刊莫一點文也說這些畫筆墨、構圖、意境大不如前）。

藝術家的創作行為，意志的獨立自由極為重要。上述作品當然是現實環境驅使畫家工作的結果。如果文革之後，李可染恢復他自由的意志，他必可以在他個人獨特和創作道路上再登高，再深化。但是非常遺憾，文革告終的一九七六年，他「雙足疊趾，不利於行，作截趾手術，準備再次面向生活，深入大自然。」而一九七八年心臟病發，此後便不能深入大自然。④他最後十餘年，不得已由舊材料（他的舊作、素描稿等）、記憶和想像來創作。不但背逆他擅長的創作途徑，而且又回到文人山水千篇一律，拼湊堆砌，煙雲滿紙的老路。晚年的作品，筆墨的追求因為遠離了寫景的體味，為筆墨而筆墨，為拙而拙，為厚而厚，為黑而黑，缺少昔年情景交融，在「寫生中採礦，在創作中煉礦」（李可染語）的精妙與鮮活的生命力。僵化、公式化、混濁板滯，就像他晚年的書法「醬當體」一樣，矯枉過正，呆板而做作。跟他自己昔年相比，顯然是大大的退步。

假如我們從李可染自己的論畫文字與藝談中，他對基本功的重視，以及其基本功的內容，也可以判斷他是在寫生中創造的畫家，絕不是由意念、感懷、幻想出發的藝術家。

在〈談藝術實踐中的苦功〉一文中，說到他求教於胡琴聖手孫佐臣老先生。「孫老先生早年練功時，在數九寒天，把兩手插在雪堆裡，等到凍得僵硬痲木，才拿出胡琴來練，不到手指靈活、手心出汗，不肯收功。看他左手食指尖上一條深可到骨的弦溝，可以想見他當年練功的情況。」又說到蓋叫天隨時隨地地練拳腳功夫。他相信基本功的苦練是藝術成就最重要的因素。在〈談學山水畫〉一文中，也苦口婆心告訴青年基本功之重要。他甚至說：「藝術創造沒有基本功，就是無根之木，無源之水。」這與他曾說基本功不同於創作，只是手段相當矛盾。但從他反覆強調基本功，很少談到哲理、時代與人生，而多談「完美地反映生活，點石成金，化腐朽為神奇」、「意匠加工」等等，李可染是以寫生創作的畫家，正如印象派畫家莫內(Claude Monet 1840—1926)到了暮年，猶創作了超越自己原來的成就的「睡蓮」與「日本橋」系列作品。可惜文革糟蹋了李可染精力尚旺盛的壯年。文革之後，他已七十歲，身體狀況不許可他再到現實、自然與社會中去「採礦」、「煉礦」。他紮實的基本功在現實的觀照與啟發之下，可以化平庸為高超，可以點鐵成金，但用來當作想像的創作的「根源」，便大不相宜。不能到自然中去對景創作，李可染失去美感的源頭活水，實在非常遺憾。

北京藝術界與評論界不少人讚美李可染晚年的書法與繪畫達到高峯。大陸雖然也早有人對他的畫有相反的評論，但是以李可染的輩分、地位與中國社會的種種傳統習性，真實的認知往往為過多不實的頌讚所掩蓋。對李可染壯年以前的成就沒有高度肯定，對他晚年的作品卻過份推崇。李可染的兩位恩師齊、黃是老年登高峯，他卻相反。李可染的擁護者總不肯正視這個事實。其實，歷史上早期藝術成就已達巔峯，然後一路衰退的天才大有其人。那也絲毫不至動搖他已擁有的榮譽與地位。我的看法是李可染在文革之後已走下坡，他六十歲之前的成就是他一生的高峯。

弔詭、疑惑與解讀

李可染的山水畫到底表達了什麼思想內涵？抒發了什麼感情？我看他的作品，讀他的文章，聽他的友生的評論，心中有很多疑問，而且是對其他畫家所不曾有過的疑問。這個疑問，我還不曾見過大陸或港台藝術界提出討論。

文化大革命發生於一九六六至一九七六年。這正是李可染五十九歲到六十九歲的十年光陰。這段期間他除奉調令返京作「賓館」大畫之外，就是躲在家中寫極為板刻的「醬當體」正楷書法。

孫美蘭在〈李可染藝術的嬗變與建樹〉中敘述文革時李可染的遭遇：「一九七四年，『四人幫』指令發動震驚全國的『批黑畫，反擊資產階級黑線回潮』運動。『黑畫』之『黑』，屬萬『黑』之首。……六年之後（即一九八〇年）李可染以他藝術家的天真純正之心，在一幅『積墨山水』上題句道：『前人論筆墨有積墨法。然縱觀古今遺蹟，擅此法者極稀，近代黃賓虹老人深得此道三昧，龔賢不能過之。吾師事老人日久多年，飽覽大自然陰陽晦明之象，因亦偶習用之，有人指之為江山如此多黑。四人幫亦襲之，區區小技，尚欲置之死地，何耶。一九八〇年可染作此並記。』那時，李可染在四人幫壓力下，其厄運很像法西斯政權下的珂勒惠支。首先是全部作品從陳列場所被撤除。其次，是幕後有人操縱大、中、小型各種批判會，強制他走上受審判席。最後致命一擊是剝奪作畫權，畫家被迫沉默。由於身心的雙重摧殘，高血壓症加劇，心臟病復發，以致病重失語。七四至七五年間只能靠寫字和親人對話。」⑤

所謂「黑畫」，當然不單純指李可染的畫普遍濃黑，而是指控他借「黑畫」來醜化現實，表達他對社會的不滿。說他的畫是「江山如此多黑」，當然是批判他違背「毛主席」的思想。因為毛氏〈念奴嬌〉詞中有「江山如此多嬌」句。這些「莫須有」的泛政治化的指控，現在看來荒謬可笑，但在當年，卻可令李可染震驚至「病重失語」。

藝術家創作的自由權利，不應受到政治、宗教等力量的壓制，這是任何文明國家的憲法所保障的。對於山川景物，感受到什麼樣的情調，不同的人各有不同；即使同一人也因時因地的不同時有不同的體驗。何況畫家常常借物寄情，在畫中所要表現的有時不在景物，而在畫家的心境。所以，有人感受到「江山如此多嬌」，何以能限制有人感受到「江山如此多黑」？江山的感受難道有「正確」的標準？「偉大領袖」的感受應該成為藝術家的「規格」？又何以有權限制有人借山川景物來寄託他對時代、社會的種種主觀情思？

李可染的畫，不應因比較黑就認定他是什麼「黑畫家」；「黑畫」也不一定就是政治上的「反對派」。即使是反對派，也不妨礙藝術家在藝術上的成就。墨色濃重，天地陰翳，調子低沈，是李可染風格的形式特色，其內在意涵可能有很曲折、複雜的內容，也可能只是一種形式主義的習慣性品味（若如上文所說：「為黑而黑，為厚而厚，為拙而拙，為筆墨而筆墨，則其形式不是情思的手段，而變成目的。」）。

如果從李可染的出身，童年生活，民間疾苦的體驗；從抗日戰爭期間，他從事抗日愛國宣傳活動，一九三七年底與四妹離開家鄉，路上「目睹骨肉離散，無家可歸的人間慘劇，他自己是苦難群中的一個，飽嚐流離失所、國難家愁的痛苦和辛酸的滋味」⑥；從紅色政權成立之後一連串的階級鬥爭，反右鬥爭以及他身受十年之苦的「文化大革命」等等經歷來看，李可染的畫若表現的是「長太息以掩涕兮，哀民生之多艱」（屈原句）或者「黑雲壓城城欲摧」（李賀句），那是順理成章的事。但是，從李可染自己所標榜的讚美祖國河山，以及由對他十分精通，有深入研究，長期追隨的孫美蘭的文章中所闡揚的精神，卻完全不是如此。李可染要「為祖國河山立傳」。他五〇年代旅行寫生是把「江山如此多嬌」作為座右銘⑦。他晚年的畫，孫美蘭在《李可染研究》中用了許多讚美的論述，說「靜穆與壯美渾然天成」，說「寫意山水更神乎其技，變幻其境，出沒無常，大大發揮了千變萬化的墨韻之美，而與神韻之美相融合」。但我們看他的山水，並不特別感覺到在歌頌祖國河山之美，而在表達時代的苦悶與巨大的壓力，人間的痛苦。他的畫，陰霾滿紙，大塊黑巖與喘息於黤淡天地間的小亮光或小瀑布，令人深深為其壓迫感而喘不過氣來。他的造型拙重奇崛，筆墨鈍厚徐緩，他最好的畫都表現了濃重的苦澀、鬱結的況味。本來這正是二十世紀中國社會時代的精神與民族的處境在藝術中的反映，正如傅抱石與林風眠的慷慨悲歌一樣，引起欣賞者深切的共鳴。但是，改革開放以後，李可染的自述與孫美蘭的詮釋，使我深感疑惑：畫家創作的心理動機與藝術品呈現的美感性格竟有如此的差異。是不是政治的禁忌仍然不能說出畫家創作心理的隱秘？還不能道破真相？然則，孫美蘭的《李可染研究》既不敢道出真相，這樣的書就得等全無禁忌的時候再寫。

但是，難道藝術品所蘊涵的情思完全沒有客觀或主觀的普遍性？對李可染的山水畫的品味與領會，觀賞者之間完全沒有普遍性的共鳴？我只能假設李可染並沒有自覺的意識在畫中表現時代與民族在「黑雲壓城」中的苦悶與悲哀；孫美蘭也不是因為有所忌諱不能暢所欲言，而是因為「吾愛吾師」而努力往「積極」、「進步」方面為乃師「美言」。

我的感受與理解是：李可染確是重意匠的畫家。他不大關心哲理、人生、時代與文化等與藝事不直接關聯的深重廣遠的大問題。在那政治掛帥的時代，大多數人迷失自我。他基本上是跟主流走（他在畫中及畫談中屢屢引用「毛主席」的名言）他的畫中的情感內涵與美感性格乃是形式的不期然而然的附屬品。從傳統積累的寶庫中，李可染因為追隨黃賓虹、石谿、石濤、龔賢等人，所採擷的為重、拙、濃、黑、荒寒、殘破、蒼勁、老辣、頓挫、深厚等筆墨趣味，很自然地構成他的藝術世界沉鬱、苦澀的基調。很弔詭地，李可染並無主動自覺地表現他所感受的時代、土地與人間悲辛苦澀的立意，卻用這樣的「形式」去歌頌「江山多嬌」，去表現「進步的時代生活」⑧。很明顯，李可染因為跟主流走，為了表現他的畫「政治正確」，他不敢像珂勒惠支一樣直接表現人間的痛苦，也不敢像林風眠一樣隱曲地表現逆風穿過陰雲的飛鳥的悲壯。內容與形式的矛盾，是李可染的藝術最大的問題。也許，李可染是形式主義，專業掛帥的畫家。歷史上有些技巧極佳的畫家，畢生貢獻在於視覺形式的創新，不在於人文內涵，時代批判與個人強烈的生命感應上面。

最好的藝術作品是深厚的內涵與創新的形式的統一。不過，過去中國文化傳統對藝術過分要求內涵的人文意義、道德教化與優雅的「詩意」，造成中國繪畫很難獨立自足，內涵的概念化而漸趨僵化；過分輕視覺形式的創造，造成中國繪畫表現技巧的簡陋、潦草與浮滑。確實也不無積弊。最好的藝術作品內容的意義與形式的意義應該聲氣相應；如果有所偏側於形式的開拓，只要有創造性、有獨特性，其價值還應得到某種肯定。基於這個觀點，我幾經考慮，仍把李可染列入近代大畫家八人之一。⑨

李可染在中國繪畫表現形式、筆墨技巧上的革新創造，在融匯中西，發揚中國藝術優秀的傳統，並使得傳統從文人畫轉向面對現實與自然的真切感受去表現等方面的貢獻，在傳統現代化方面的建樹，毫無疑問，他是本世紀中國水墨畫最傑出的畫家之一。他的影響，這三四十年來無遠弗屆，而且正在持續擴大。雖然偏於形式上的創新⑩，但在擺脫傳統山水畫的陳腔濫調，賦山水畫一個視覺品味的新格局，驅策傳統向現代過渡上的貢獻，李可染在二十世紀前半的成就，不容置疑。

註釋

①孫美蘭著《所要者魂——李可染的藝術世界》第10頁（台北「宏觀文化」，一九九三年）。

②同註①該書第11頁。

③同註①該書第12頁。

④同註①該書〈李可染年表〉。

⑤孫美蘭著《李可染研究》，第87頁（江蘇美術出版社出版，一九九一年）。

⑥同註⑤該書第55頁。

⑦《李可染水墨山水寫生畫集》方紀序（北京人民美術出版社出版，一九五九年）。

⑧註⑤該書第一八五頁，李可染文章〈談學山水畫〉。

⑨比如上海人民美術出版社《當代十大畫家》一書（徐建融著，一九九五），選了劉海粟等人，就不選李可染。其實劉等的成就與貢獻，遠遠比不上李。這一類的書，當然沒有嚴格的取捨原則可言。

⑩在本書即將付梓之前，我覺得對此問題還應再加申述。歷史上也有一種藝術家，他表現他的時代環境給他精神上的感召，或者潛意識心理對生存時空的反應，雖缺乏主觀的自覺，但在其作品中卻有隱曲的呈現。如果是這樣，李可染因為怯於政治上的「犯錯」在意識心理的層次，尤其在語言與態度上不敢表達深心中的隱衷，我們後來者解讀他的作品的真正內涵時就應給予同情的諒解。那麼，李可染的藝術世界在形式與內涵並無矛盾，我的解讀也是正解。那麼，孫美蘭的《李可染研究》對李可染的畫不是誤解，便是欠缺直言真相的勇氣了。

李可染

代表作選

東山攜妓圖
約1948年

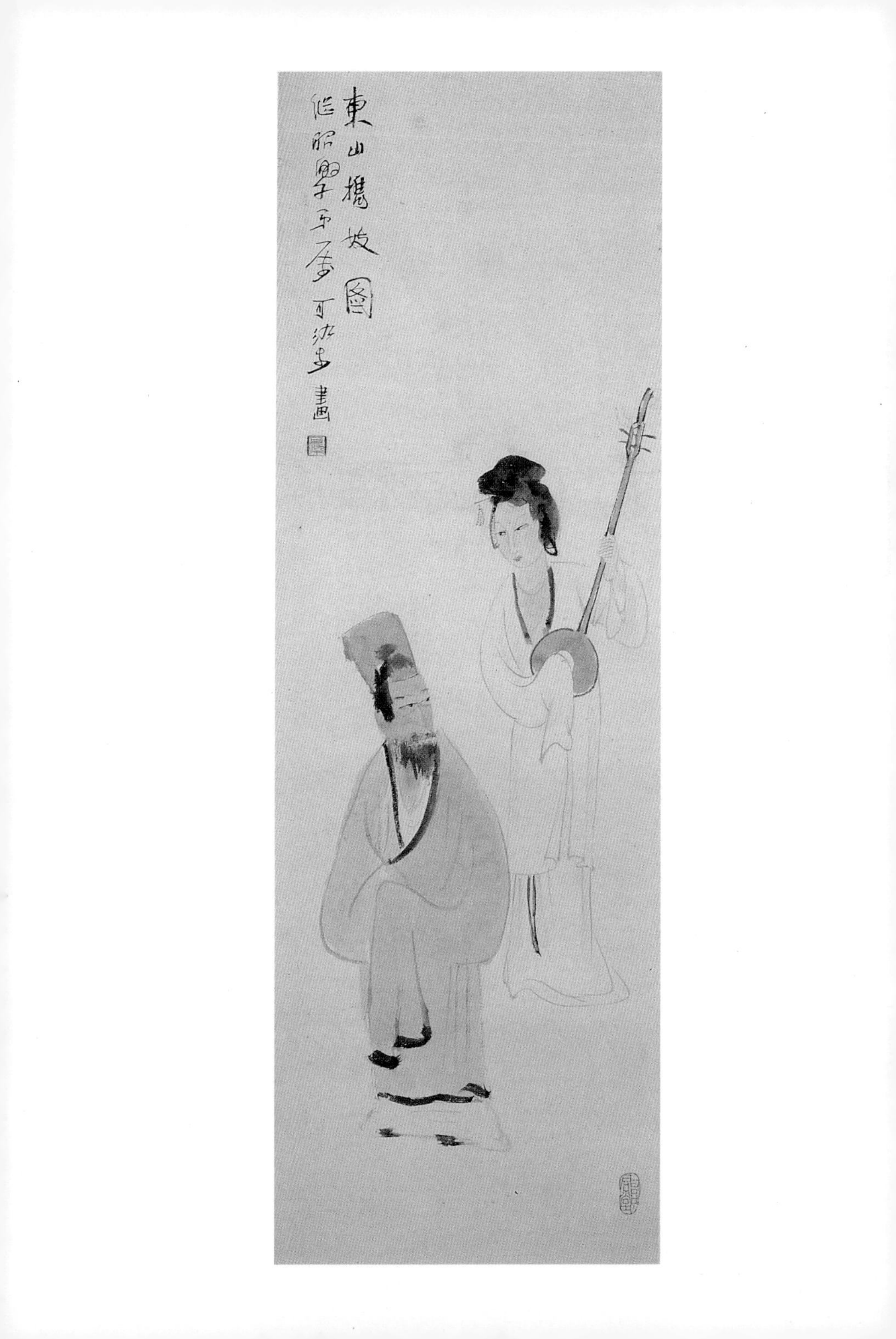

東山攜妓圖

可染畫

牧牛圖
1947年

忽聞蟋蟀鳴
容易秋風起
可染弟作
白石老人
加墨

山城夕照
1956年

夕照中的重慶山城 一九五六年 宗其香寫

峨眉秋色
1956年

李

魚米之鄉
1957年

鍾馗送妹
1962年

鍾馗送妹圖

魯迅故鄉紹興城
1962年

魯迅故鄉紹興一瞥 辛亥一九五六年 李苦禪寫生於 紹興

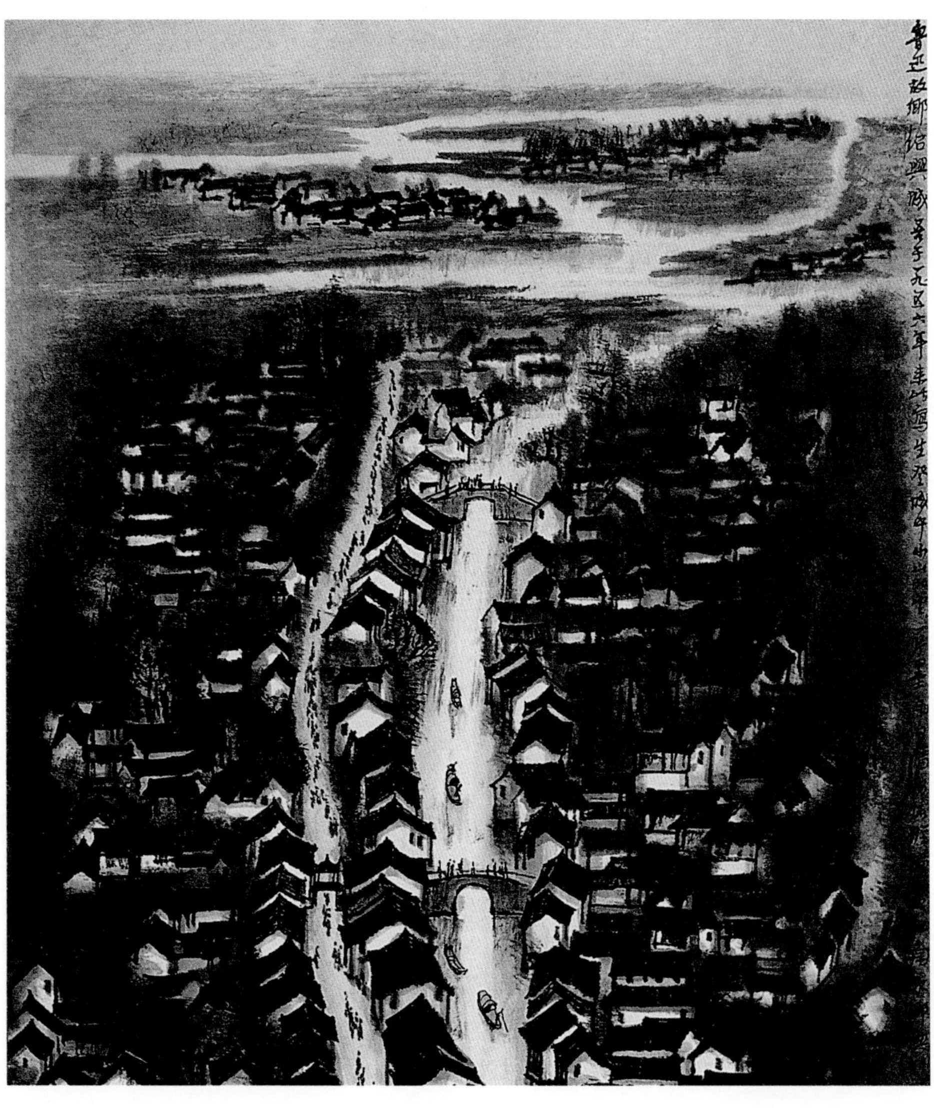

黃海烟霞
60年代

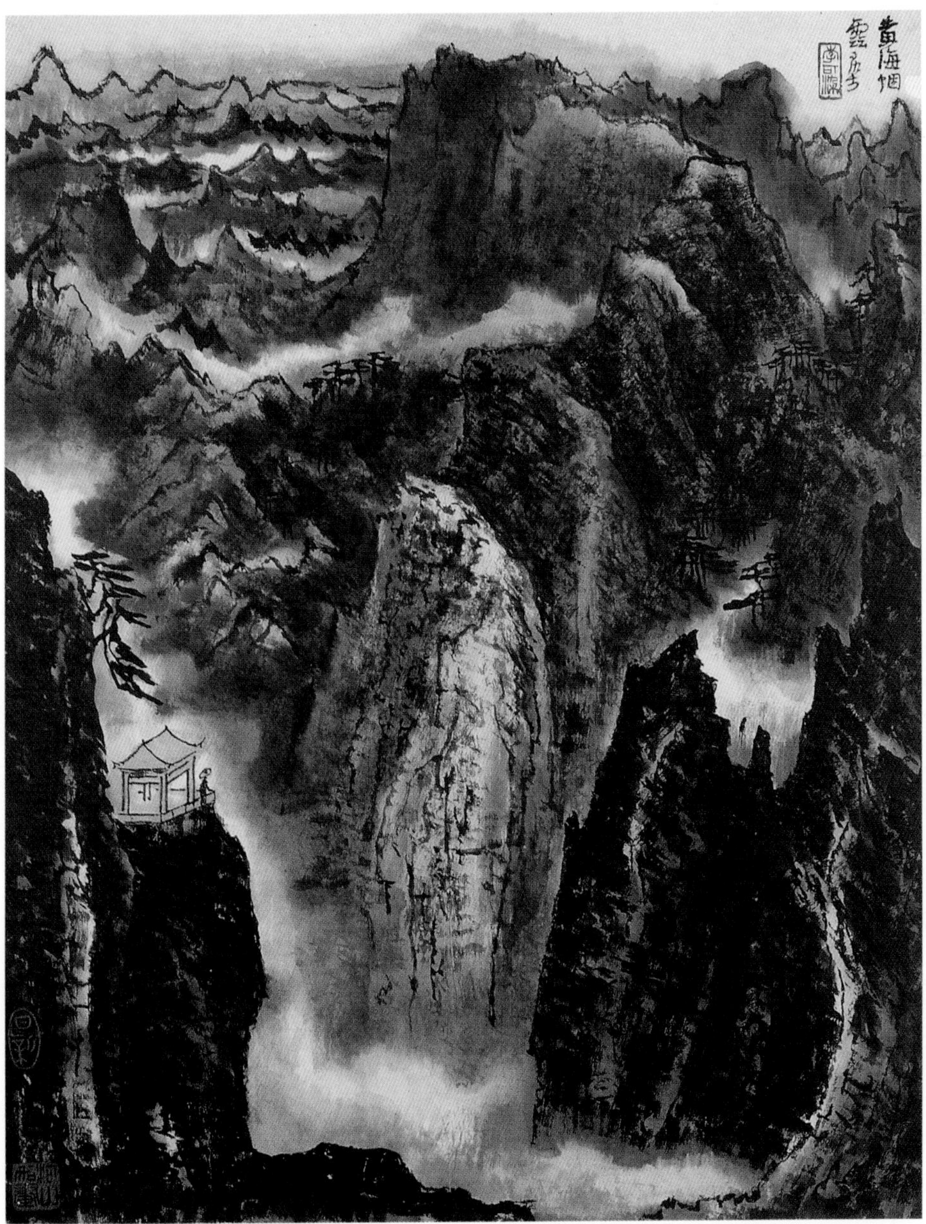
黃海烟雲
可染
李可染

榕湖夕照
1963年

榕湖一瞥夕陽中 昔年游桂林得此圖稿 一九六三年秋九月可染重作于渤海之濱客舍

萬山紅遍
1964年

萬山紅遍層林盡
染一九六四年秋九月
寫毛主席詞意
可染

青山密林圖
1965年

青山密林圖昔年蜀中得景今更以水墨寫之可染

巫山雲雨
1965年

巫山雲圖

何懷碩著作目錄

著述：

《苦澀的美感》（台北大地出版社，一九七三）
《十年燈》（台北大地出版社，一九七四）
《域外郵稿》（台北大地出版社，一九七七）
《藝術・文學・人生》（台北大地出版社，一九七九）
《風格的誕生》（台北大地出版社，一九八一）
《煮石集》（台北圓神出版社，一九八六）
《藝術與關懷》（台北聯經出版社，一九八七）
《繪畫獨白》（台北圓神出版社，一九八七）
《變》（台北林白出版社，一九九〇）
《何懷碩文集》（天津百花文藝出版社，一九九三）
《人生論：孤獨的滋味》（台北立緒文化出版社，一九九八）
《藝術論：創造的狂狷》（台北立緒文化出版社，一九九八）
《藝術論：苦澀的美感》（台北立緒文化出版社，一九九八）
《畫家論：大師的心靈》（台北立緒文化出版社，一九九八）

編訂：

《近代中國美術論集》（六冊）（台北藝術家出版社，一九九一）

《傅抱石畫論》（台北藝術家出版社，一九九一）

《復讎者——契訶夫短篇傑作選》（台北遠景出版社，一九八一）

畫集：

《何懷碩畫集》（何懷碩畫室出版，一九七三）

《懷碩造境》（香港Hibiya公司出版，一九八一）

《何懷碩畫》（香港Umbrella公司出版，一九八四）

《何懷碩庚午畫集》（香港Umbrella公司出版，一九九〇）

《何懷碩四季山水長卷》（香港Umbrella公司出版，一九九〇）

《何懷碩己卯畫集》（國立歷史博物館，將於一九九九年一月出版）

內文簡介：

《懷碩三論》是藝術家、評論家何懷碩先生三十多年來所寫的文字精華大整合。包括他過去出版十本書中最重要文章的精選、修訂以及近十年來所寫未出版的新著。

三論是《人生論》、《藝術論（上、下卷）》、《畫家論》共四冊。分別為《孤獨的滋味》、《創造的狂狷》、《苦澀的美感（新版）》、《大師的心靈》，涵蓋了他人生、思想、心靈活動的全領域。

《人生論》是他在人生行旅中種種品味、發見、感想與思索的文章。《藝術論》是他藝術思想截至目前為止最重要的觀念性論述文字。《畫家論》則是他對近代一個半世紀以來中國最傑出畫家的評論。

懷碩先生的另一隻筆則是他的繪畫創作，繪畫與文字創作對他來說是行者的兩足、飛鳥的雙翼，兩者他都有同樣豐碩的成果，在畫壇上是少見的異數。

《懷碩三論》四書之出版可以說是他三十年心路歷程之告白，也意味著他另一生命階段的再出發。

而對於與他神交的讀者朋友以及後來者，這四本書的編輯出版也隱含了他對他們的感激與期待。

作者：
何懷碩
一九四一年生，台灣國立師範大學美術系畢業。美國紐約聖約翰大學藝術碩士。先後任教於國立師範大學、清華大學。現任國立藝術學院教授。出版著作《苦澀的美感》等共十冊，繪畫創作出版有《何懷碩畫集》等五冊（詳見何懷碩著作目錄）。

校對：
張淑芬
淡江大學中國文學研究所碩士，資深編輯

簡樸思想與環保哲學

沈清松教授主編

本書收錄沈清松、鄔昆如、葉海煙、莊慶信、李志夫、李豐楙、傅佩榮、盛慶琜、劉千美、朱榮貴、黎建球、游祥洲等教授之文章。

定價／260 元

孤獨

最真實、最終極的存在

孤獨在人生命中的地位如何？
如何尋找最完美的自我？

定價／350 元

文化與社會

當代文化分析大師的智慧

本書收錄傅柯、馬庫色、哈柏瑪斯、彼得柏格等數十位全球思想大師的重要文獻。

定價／430 元

認同・差異・主體性

從女性主義到後殖民文化想像，探討女性「鄉土想像」、種族與性別壓迫悲劇、解構父權、離散文化的女性主義書寫、被遺忘的受難女性、台灣舞台與文化記憶等主題。

定價／350 元

家庭論

諾貝爾經濟學獎得主貝克

他以理性選擇或經濟分析角度，深入解析：婚姻、生育、離婚、家庭分工等各種非物質性行為，為傳統家庭結構解體的社會，提供了一個深具啟示的新經濟觀。

定價／450 元

世紀末

偉大心靈對這個時代的反思

本書收錄全世界 30 位頂尖思想大家與領導人的訪談與描述，為二十世紀末卓越見解之集大成。

定價／350 元

新世紀叢書(神話)

世道
生命的學問十講

王邦雄教授近來，對「生命的學問」做深度觀照的結集。說世道、圓融、生死、第二故鄉、宗教等。

定價／230 元

文化的視野
當代人文修養四講

愛、美、文化、宗教四大生命關懷，為傅佩榮教授近十年來，在台灣大學最受學生歡迎的「哲學與人生」課程之精華內容。

定價／210 元

擁抱憂傷
享譽全球的心靈治療大師：

史蒂芬・拉維一本治療憂傷的名著。從行屍走肉到意識清明的活著，從畏懼死亡到接納死亡的存在，他以陪伴死亡與親人過世所引致的哀傷諮詢聞名國際。

定價／320 元

四種愛

牛津大學教授魯易士（C.S.Lewis）將日常生活的情感分成不同層次：對神、父母、朋友、伴侶的愛，亦即宗教、親情、友情、愛情四種，字字珠璣的道出人世間之摯愛。

靈魂的考古學

本書收集古今聖哲包括哲學家、宗教家、文學家、心理學家、藝術、建築、民謠、民俗等所談論關於靈魂之種種文字，以及亞里斯多德、喬哀思、白朗寧、艾略特、湯瑪斯・摩爾、康定斯基等等精采文獻。

大時代

端木蕻良四〇年代作品選

蒐集端木四〇年代的小說劇本、論文及散文等著作，進而一窺端木在大時代風濤下的飛躍心靈。

定價／480 元

導讀榮格

超心理學大師榮格全集導讀，研究榮格的重要工具書。

定價／230 元

情緒療癒

E.Q作者丹尼爾・高曼⊙主編 (Daniel Goleman)

本書為西方倫理學、生物學、醫學、心靈學等權威學者與達賴喇嘛對談情緒之療癒。

西方正典

西洋古典理論巨擘

哈洛・卜倫(Harold Bloom)著

哈洛・卜倫討論了二十六位經典作者的作品，藉此探討西方文學傳統。他駁斥文學批評裡的意識型態；他哀悼智識與美學標準的淪亡；他悲嘆多元文化主義、馬克斯主義、女性主義、新保守主義、非洲中心主義、新歷史主義正引領風騷。

在這部聳動、尖刻之作的最後，卜倫羅列出重要作家與作品的完整清單，此即他所見之正典。

新世紀叢書(神話)

神話

神話學大師坎伯(Joseph Campbell)

從神話學來分析當代大眾流行文化，數十年來，在西方世界始終魅力不減，並被列為美國高中生課外讀物之一，其作品富於散文節奏兼具博學睿智，字字珠璣。

定價／360元

千面英雄

坎伯的經典之作

本書追溯了幾乎所有全世界的神話中，英雄歷險和轉化的故事，並從中揭露同一原型的英雄。內容遍及人類學、考古學、心理學、藝術等不同領域，由此融匯成為其獨特的神話學見解。

定價／420元

神話的智慧(上、下)

時空變遷中的神話

一個缺乏神話的民族，就好像一位不會做夢的人，終會因創意的斲喪而枯耗至死。神話學大師坎伯最後的13篇演講，內附126張精彩圖片。

定價／上冊250元、下冊250元

坎伯生活美學

生活藝術的反思

神話學大師坎伯根據幾項人類永續關懷的重要主題：俗世生活的挑戰、心靈覺醒的過程、以及神聖生活的藝術，讓我們共同經歷一趟心靈之旅。

定價／360元

思潮與大師經典漫畫
BAUDRILLARD
布希亞

思潮與大師經典漫畫
DERRIDA
德希達
原著／Jeff Collins

思潮與大師經典漫畫
JOYCE
喬哀思
原著／David Norris

立緒文化事業有限公司　信用卡申購單

■信用卡資料

信用卡別（請勾選下列任何一種）

□VISA　□MASTER CARD　□JCB　□聯合信用卡

卡號：________________

信用卡有效期限：______年______月

身份證字號：________________

訂購總金額：________________

持卡人簽名：________________（與信用卡簽名同）

訂購日期：______年______月______日

所持信用卡銀行________________

授權號碼：________________（請勿填寫）

■訂購人姓名：________________ 性別：□男□女

出生日期：______年______月______日

學歷：□大學以上□大專□高中職□國中

電話：________________ 職業：________________

寄書地址：□□□

____

■開立三聯式發票：□需要　□不需要（以下免填）

發票抬頭：________________

統一編號：________________

發票地址：________________

■訂購書目：

書名：__________、______本。書名__________、______本。

書名：__________、______本。書名__________、______本。

書名：__________、______本。書名__________、______本。

共________本，總金額________________元。

⊙請詳細填寫後，影印放大傳真或郵寄至本公司，傳真電話：(02)2219-2173

信用卡訂購最低消費金額為一千元，不滿一千元者不予受理，如有不便之處，敬請見諒。

國家圖書館出版品預行編目資料

大師的心靈／何懷碩著. --初版. --臺北縣
新店市：立緒文化，民87
面； 公分. --（懷碩三論. 畫家論）
ISBN 957-8453-46-9（平裝）

1.畫家-中國-傳記

940.988 87012283

大師的心靈

出版——立緒文化事業有限公司
作者——何懷碩

發行人——郝碧蓮
總經理兼總編輯——鍾惠民
行政主編——吳燕惠
編輯——曾美鳳
行政——陳妹伊
地址——台北縣新店市中央六街62號1樓
電話——(02)22192173・22194998
傳真——(02)22194998
E-Mail Address:ncp2000@tpts1. seed. net. tw
劃撥帳號——1839142-0號 立緒文化事業有限公司帳戶
行政院新聞局局版臺業字第6426號

行銷代理——紅螞蟻圖書有限公司
電話——(02)27999490 傳真——(02)27995284
地址——台北市內湖區文德路210巷30弄25號1樓
排版——文盛電腦排版有限公司
印刷——祥新印刷股份有限公司

法律顧問——敦旭法律事務所吳展旭律師
國際通商法律事務所黃台芬律師

分類號碼——940.00.001
ISBN 957-8453-46-9
出版日期——中華民國87年10月初版 一刷(1～4,000)

The Master Mind—on Artists

定價⊙480元